AI시대, 99% 기업이 모르는 폭발 성장 설계도 하이 아웃풋 10

사장님,
회사를 10배로 키워주는
회계사가 있습니다!

AI시대, 99% 기업이 모르는 폭발 성장 설계도 하이 아웃풋 10

사장님, 회사를 10배로 키워주는 회계사가 있습니다!

초판 1쇄 인쇄 2025년 9월 22일
초판 1쇄 발행 2025년 10월 1일

지은이 서정민 서정무

발행인 백유미 조영석

발행처 (주)라온아시아
주소 서울특별시 서초구 방배로 180, 스파크플러스 3F

등록 2016년 7월 5일 제 2016-000141호
전화 070-7600-8230   **팩스** 070-4754-2473

값 20,000원
ISBN 979-11-6958-233-9 (13320)

라온북은 독자 여러분의 소중한 원고를 기다리고 있습니다. (raonbook@raonasia.co.kr)

HIGH

AI시대, 99% 기업이 모르는 폭발 성장 설계도 하이 아웃풋 10

HIGH OUTPUT 10

사장님, 회사를 10배로 키워주는 회계사가 있습니다!

서정민 서정무 지음

OUT

기업의
'10배 스케일 업'
회계사가
만든다!

AI가 대체 못 하는 진짜 사업 파트너를 붙여라.
절세를 넘어 구조를 설계하는 순간, 기업의 판이 바뀐다.
법인 전환부터 스톡옵션까지 10배 스케일 업 실전 전략.
지금 선택이 10년 후 기업가치를 결정한다.

RAON
BOOK

RAON
BOOK

* * *

"회사의 기업 구조,
지금 이대로 괜찮으신가요?"

지금 우리는 거대한 변화의 한가운데 서 있습니다.

AI 기술은 몇 년 전만 해도 상상하지 못했던 속도로 일상과 비즈니스를 바꾸고 있습니다. Chat GPT와 같은 생성형 인공지능(Gen AI)는 내용이 많은 문서, 보고서, 논문을 몇 초 만에 읽기 쉽게 요약해주고 심지어는 유튜브 스크립트나 광고 문구 등 창작물이나 보고서 초안까지도 손쉽게 작성해줍니다. McKinsey & Company의 설문조사[1]에 따르면 글로벌 실무자 및 관리자의 78%는 AI를 최소 한 가지 업무 기능에 활용하고 있으며, 이 중 71%는 생성형 AI를 정기적으로 사용하고 있다고 합니다. 앞으로 기술은 점점 더 빠르게 기업의 판을 바꿀 것으로 예상됩니다.

여기에 대한민국 정부의 정책 변화도 가속화되고 있습니다. 현 정부에서는 AI 기본사회를 선언하며, 세계 3대 AI 강국을 목표로 국가 차원의 AI 대전환을 추진하고 있습니다. 또한, 기술 기반 기업에 대한 세제 지원 강화도 추진하고 있습니다. 규모가 작은 회사도 AI를 잘 활용한다면 큰 회사로 도약할 수 있는 제도적 기반이 빠르게 열리고 있습니다.

이러한 흐름의 변화에 올라타는 기업은 많지 않습니다. 대부분은 기존의 익숙한 방식에 머무르다가 점점 뒤처지곤 합니다. 그러나 일부 기업들은 오히려 이러한 변화를 기회로 삼고 5배, 10배 성장시키곤 합니다. 앞으로도 수많은 기업이 문을 닫겠지만, 반대로 일부 기업들은 초고속 성장을 이루는 초양극화 시대가 올 거로 생각합니다.

저는 회계사로 수많은 기업과 사장님들을 만나왔습니다. 그 중에는 10억 원의 매출을 50억, 100억으로 키운 기업들을 직접 보았습니다. 그 과정에서 분명한 사실을 확인했습니다. 지금은 '노력'보다도 '방향'이 더 중요한 시대라는 것입니다. 같은 업종과 상황 속에서도 어떤 방향으로 나아가는지에 따라 어떤 기업은 10배 성장하고 어떤 기업은 그대로 멈춰 있습니다.

이 책은 사업의 규모와 상관없이 '어떻게 하면 내 사업을 더 성장시킬 수 있을까?' 고민하는 사장님을 위한 책입니다. AI가 계속해서 진화하고 일상 어디든 파고들고 있는 환경 속에서 끊임없이 회사를 성장시키기 위해 고민하고, 그 고민의 해답을 찾았거나 도움을 줄 수 있는 다양한 기업의 이야기와 경험을 이책에 담으려고 노력했습니다.

회사의 대표가 시대의 흐름을 정확히 바라보고, 회사의 구조를 바꾸어 한 단계 성장할 수 있는 회사의 그릇을 키우고 더 나아가 회사의 숫자를 정확히 이해하여 돈이 남는 구조를 설계하고, 브랜딩과 마케팅을 통해서 지속적인 구매를 일으키고, 회사의 리스크 관리를 해나간다면 지금도 회사를 10배 성장시킬 수 있을 뿐만 아니라 세상을 변화시키는 기업을 만들어 낼 수 있을 거라고 믿습니다.

회사를 10배 키우는 일은 결코 쉬운 일은 아닙니다만, 결코 먼 이야기도 아닙니다. 누군가에게 이 책이 회사 성장에 결정적인 전환점이 되길 희망하며 이 책을 씁니다.

서정민, 서정무

─────────── 1장 ───────────

왜 회사를 10배 키울 수 있는
회계사를 만나야 하는가?

6장

지속 성장의 루틴을 만들어라
: 빠른 실행과 리스크 관리 전략

1.

왜 회사를 10배 키울 수 있는
회계사를 만나야 하는가?

AI혁명 New 트랙에 올라 타는
1%의 기업만 살아남는다

인공지능으로 대체 불가능함을 증명하라

인공지능(Artificial Intelligence, 이하 AI)으로 인한 조직개편의 신호탄이 쏘아 올려졌다. 글로벌 이커머스 플랫폼인 쇼피파이 (Shopify)는 최근 신규 직원 채용 조건으로 "인공지능(AI)이 해당 직무를 할 수 없다는 것을 증명해야 한다"라는 조항을 내걸었다.[2] 이제는 단순, 반복적인 업무를 하는 신입직원은 AI로 대체하겠다는 것이다. 신규 채용뿐만 아니라 기존 일자리도 구조조정 되고 있는데, 마이크로소프트(MS)는 전 세계에 근무하는 직원 22만 8천 명의 4%에 해당하는 약 9천 명을 해고하기로 하였다.[3] 이미 올해 5월에 6천여 명을 해고하였음에도 불구하고 계속해서 사람을 내보내고 있다. 이러한 대량 해고 움직임은 비단 이 회사만의 일이 아니다. 미국 빅테크 기업 중 하나인 아마존(Amazon)은 올해에만 1만 4천명 넘게 해고를 진행하였고,[4] 구글(Google)과 메타(Meta) 역시 AI 투자를 명분으로 지난해부터 올해까지 인력 감축을 진행하고 있다.[5] 현재 인력 구조조정을 단행하고 있는 미국 빅테크들의 공통점은 실적이 좋음에도 불구하고 사람들을 해고하고 있다는 것인데, 인공지능(AI) 중심으로 조직을 개편하는 것이 핵심이다.

AI의 확장이 사무직의 인력을 줄였다면, 이제는 피지컬AI가 산업현장을 재편하고 있다. 피지컬AI(Physical AI)란 인공지능 기술이 물리적 세계에서 로봇이나 장비와 결합하여 현실 세계와 상호작용하고 물리적인 작업을 수행하는 능력을 갖추는 것을 말한다. 단순히 반복적인 일을 수행하는 일반적인 로봇과 달리 피지컬AI는 인간처럼 스스로 판단하고 학습하여 업무를 수행한다. 아마존은 물건을 자동으로 집어 올리는 로봇 팔 스패로우(Sparrow)의 도입을 시작으로 올해에는 잔카소트(ZancaSort)[6]와 같은 피지컬AI를 현장에 투입하고 있다. 현대자동차 그룹의 자회사인 보스턴 다이내믹스는 인간형 로봇 아틀라스(Atlas)를 통해 달리기, 장애물 넘기, 측면 회전 후 전복 없이 복귀 등의 유연한 동작을 선보이며 제조환경에서 인간의 대체 가능성을 보여주었고, 스킬드AI(Skild AI)는 로봇이 실시간으로 주변 환경을 인식하고 작업을 수행하게 하는 기술을 개발하여 산업 로봇의 지능화를 이끌고 있다.

이미 변화는 시작되었다

나와는 상관없는 일처럼 느껴질 수 있지만, 이미 변화는 시작되었다. 과거 2차 산업혁명 때에도 수공업 종사자들이 기계로 대체되었고, 증기기관차와 내연기관 자동차의 등장으로 마부, 짐꾼 등과 같은 직업이 사라졌다.[7] 디지털 혁명인 3차 산업혁명 때에도 마찬가지로 수많은 직업과 기업들이 사라졌다. 그러나, 이러한 변화의 급류 속에서도 새로운 변화를 읽고 그 흐름에 올라탄 사람들은 엄청난 부를 거머쥐었다.

그렇다면, AI 혁명, 데이터 혁명으로 불리는 4차 산업혁명 시기인 지금은 어떻게 될 것인가? 마찬가지로 수많은 직업과 기업들이 없어지기도 하겠지만, 새로운 변화에 올라타는 1%는 엄청난 부를 가지게 될 것이다. 인공지능(AI) 시대에서는 인간이 반복 노동에서 벗어나 창의성을 바탕으로 새로운 가치 창출을 하는 방식으로 패러다임의 전환이 이루어질 것이다. 단순 반복 작업의 노동들은 로봇으로 대체될 것이고, 업무의 많은 부분이 자동화될 것이다. 지금 우리는 인공지능 혁명이라는 큰 변화의 분수령에 서 있다. 이러한 변화에 올라탄 기업만이 생존할 수 있다. 기존의 방식대로 하다가 침몰할 것인가? 아니면 새로운 시류에 올라탈 것인가? 이제는 선택해야 한다.

새로운 궤도에 올라탈 준비가 되어있는가?

인공지능(AI) 시대에 새로운 변화에 올라타는 것은 선택이 아니라 생존을 위한 필수전략이다. 새로운 변화에 올라타는 1%의 기업만이 생존하고, 엄청난 부를 거머쥘 수 있기 때문이다. 문제는 어떻게 올라타느냐. 무엇을 준비해야 하고, 어떤 방식으로 시작할지 그리고 그 과정에서 리스크는 어떻게 관리할지 수없이 고민해야 한다. 수많은 갈림길에서 고군분투하다가 지쳐 포기할 수도 있다. 나아갈 방향을 잡아주고 실수를 최소화하기 위해서는 함께 이끌어갈 비즈니스 전략 전문가가 꼭 필요하다. 인공지능(AI) 시대의 변화는 단순히 기술 하나를 도입하는 문제를 넘어, 기업의 사업모델과 조직구조, 재무 전략, 리스크 관리 등 전체적인 융합과 조직화를 요구하기 때문이다. 이처럼 복잡하고 유기적인 전환의 과정에서 중요한 것은 방향과 통합적 사고다. 하지만 일부 대기업을 제외한 기업 대부분은 내부 인력만으로는 그 변화의 흐름을 정확하게 읽고 체계적으로 전략을 수행하기가 어렵다. 따라서 새로운 궤도에 올라타는데 전문가의 도움이 필요하다.

비즈니스 전략 전문가는 단순히 지식을 많이 가진 사람이 아니다. 회사 내부에서는 보지 못한 리스크를 미리 예측하고 불필요한 시행착오를 줄이고, 새로운 관점을 제시할 수 있는 사람이다. 또 여러 기업을 거치며 축적한 경험을 바탕으로 현재 기업을 진단하고 어떤 전략이 가장 적합한지 객관적으로 제시할 수 있는 사람이다. 그리고 숫자에 근거하여 회계, 세무 지식을 갖추고 사업구조에 대한 이해를 바탕으로 경영의사결정에 결정적인 조언을 할 수 있는 사람이다. 내가 보지 못한 관점에서 회사의 구조를 설계하고, 전략을 수립하는 데 도움을 줄 수 있는 이러한 전문가와 함께하느냐가 AI시대 새로운 변화 속에서 생존과 성장을 좌우할 것이다.

AI시대, 기업은 10배, 100배 성장의 기회 앞에 있다

AI 시대, 새로운 부(Wealth)를 만드는 공식

인공지능(AI)은 수많은 직업과 기업들을 사라지게 만드는 위협으로 보이지만, 위기만 있는 것은 아니다. AI를 잘 활용한다면 새로운 부(Wealth)를 만드는 기회의 알고리즘을 짤 수도 있다. 2025년 맥킨지 보고서에 따르면, 전략 및 재무 부문에서 생성형 인공지능[8] 도입 후 47%의 기업이 6% 이상의 수익 증가를 경험한 것으로 나타났다. 또한, 생성형 인공지능을 도입한 기업 중 61%는 공급망 관리 부문에서 58%는 서비스 운영 부문에서 비용 절감 효과를 경험했다고 한다.[9] 우리나라에서도 이러한 연구들이 많이 진행되고 있는데, 최근 한국은행에서 발표한 'AI와 한국경제' 보고서에 따르면 우리나라에 AI 도입을 하는 경우 한국경제의 생산성을 1.1~3.2%, GDP를 4.2~12.6% 높일 수 있는 성장 잠재력이 있다고 한다.[10] 이처럼 AI는 수많은 일자리를 사라지게 만들 수도 있어서 재앙으로 보이기도 하지만, 반대로 노동생산성을 증가시켜 기업의 이익 증대와 비용 감소에 탁월한 이점을 가져다줄 수도 있는 도구가 될 수 있다. 핵분열 반응을 이용하여 원자력 에너지 발전에 사용할 수도 있고, 원자폭탄을 만들 수 있는 것처럼, AI를 잘 사용한다면 우리 회사에 위기나 위협이 아니라 비용 절감과 생산성 증대로 우리 회사를 10배, 100배 성장시킬 수 있는 부의 창출 도구가 될 수 있는 것이다.

AI가 만들어낸 새로운 기회

그렇다면, 실제로 기업들은 어떻게 AI를 활용하고 있을까? 이미 수많은 기업들이 AI를 통하여 생산성 혁신을 이루고 비용을 절감하고, 업무 효율성을 극대화하고 있다. 특히, AI를 통해서 단순 반복 업무를 처리뿐만 아니라 데이터를 분석하고 고객 응대와 문서 작업 등의 업무를 수행하고 있다. 우리에게 익숙한 카카오뱅크는 AI 검색 서비스를 출시하여 24시간 금융상담에 활용하고 있다. AI 검색 서비스의 모든 답변은 AI가 생성하고 금융 지식에 관한 질문은 생성형 AI가 자체적으로 답변을 생성한다. 이를 통해 콜센터 부담을 줄이고 동시에 고객들이 원하는 정보를 바로 받을 수 있도록 하고 있다. 넷플릭스는 AI를 활용하여 사용자의 시청 기록, 시청 시간, 선호도 등을 분석하여 개인 맞춤형 콘텐츠 추천을 하고 있다. 이러한 방식으로 시청자들의 만족도를 높이면서 동시에 서비스 이용 시간을 증대시키고 있다. 그뿐만 아니라, 생성형 인공지능을 활용하여 영상 제작 비용도 절감하고 있는데, 아르헨티나 오리지널 시리즈 "영원한 항해자"에서 생성형 인공지능을 활용한 시각 특수효과를 적용하여 시간과 비용 절감 효과를 거두기도 했다.[11] 회계와 법률 분야에서도 AI 활용이 많이 증가하고 있는데, 법무법인 율촌에서는 검색 AI를 도입하여 소송과 자문의 기초자료를 검색하고 서류 작성이 가능하게 하고 있고,[12] 삼일회계법인에서는 AI Accountant를 도입하여 회계감사 기준서와 해석서 등을 일일이 찾아야 하는 수고를 덜어내고 있다.

AI 시대, 기회를 현실로 만드는 방법

과거 전기를 발견하였을 때, 전기를 활용하여 다양한 기술이나 장치를 발명한 사람들은 엄청난 부를 벌어들였다. 지금도 마찬가지다. AI를 잘 활용한다면 우리 회사를 폭발적으로 성장시킬 기회가 될 수 있다. AI는 생산성 향상과 비용 절감을 통해 회사를 10배, 100배 키울 수 있는 강력한 수단임은 분명하다. 하지만, 그 도구를 어떻게 활용할지는 직관이나 운에 맡겨서는 안 된다. 많은 사람이 AI를 도입하면 좋을 것 같다는 막연한 생각을 가지고는 있지만, 어디서부터 어떻게, 무엇을 시작해야 할지 모르거나, 제대로 AI를 사용하지 못하고 있다. 나의 사업구조 안에서 어디에 AI를 접목할지, 어떤 부분을 자동화하면 진짜 시간을 아끼고 매출을 증대시킬 수 있을지, AI 시대에 어떤 전략적인 판단을 가지고 사업을 해 나갈지 등 전반적인 전략적 의사결정을 혼자서 모두 다 결정하기란 쉬운 일이 아니다. AI 시대에 기회를 현실로 만들기 위해서는 전문가의 도움이 꼭 필요하다. 이미 대기업들도 새롭게 판을 짜는 전문가들과 함께 조직을 재구성하고, AI를 효율적으로 도입하고 있다. 규모가 작은 회사도 마찬가지다. 복잡한 인공지능 시대의 변화를 감지하고, 위기를 기회로 만들기 위해서는 전략을 설계하고, 방향을 제시해 줄 수 있는 전문가와 함께 판을 짜야 경쟁력을 가질 수 있다. 수많은 정보를 융합하고, 재정립하고 이를 통해 사업화하는 데에는 사업 경험이 있는 전문가와 함께한다면 기회를 현실로 만들 수 있을 것이다.

사업의 비즈니스 모델과 현금 흐름 설계를 하는 전문가가 회사에 있는가?

사업의 운명을 바꾸는 비즈니스 모델 설계

비즈니스 모델(Business Model)은 기업이 고객에게 가치를 전달하여 이익을 창출하는 방식을 말한다. 세계적인 커피전문점 스타벅스는 브랜드 충성도를 기반으로 커피와 공간 경험을 프리미엄 가격에 판매하는 것을 비즈니스 모델로 하고 있고, 글로벌 스트리밍 서비스 넷플릭스는 정기 구독료를 기반으로 전 세계 이용자에게 영상 콘텐츠를 제공하여 안정적인 매출을 창출하는 것이 비즈니스 모델이다.

비즈니스 모델의 설계에는 우리의 고객은 누구인지, 고객에게 어떠한 서비스나 제품을 제공할 것인지, 어떠한 채널을 통해서 판매할 것인지, 수익원은 무엇이며 이러한 수익원을 만들어 내는 인적 물적 자원은 어떻게 구성할 것인지, 비용구조는 어떻게 짤 것인지 등 다양한 것들이 고려되어야 한다.[13] 비즈니스 모델 설계는 돈을 버는 구조를 정하는 일인 만큼 회사의 성패가 좌우되는 매우 중요한 일이다.

과거에는 비즈니스 모델을 한번 정하면 몇 년은 안정적으로 유지될 수 있었는데, 요즘같이 변화가 빠른 AI 시대에는 일부를 제외하고는 비즈니스 모델 변화 없이 사업을 계속해서 영위해 나가기란 쉽지 않다. 전자기기로 유명한 소니(Sony)도 창업 당시에는 전자부품과 소형 라디오 등 제조업 중심의 회사였는데, 1990년대 후반 2000년대 초반 디지털 콘텐츠 시장의 급성장기에 콘텐츠 서비스 중심으로 비즈니스 모델을 전환하였고, 지금은 게임 부문, 음악 콘텐츠 부문에서 AI를 활용하여 사용자데이터와 AI를 결합한 맞춤형 경험 플랫폼으로 비즈니스 모델을 재전환하고 있다.

비즈니스 모델을 잘 설계하면 새로운 매출원을 만들 수도 있다. 나에게 세무 기장을 맡기고 있는 업체 중에서 오프라인에서 춤을 가르치고 있는 '댄스학원'이 있다. 기존에는 오프라인 매장이라는 한계로 인하여 매출 상승이 제한적이었다. 하지만, 고객의 정의를 '지역에서 춤을 배우려는 학생'에서 'K-POP에 대해서 관심이 있는 모든 사람'으로 고객을 재정의하고, 숏폼 동영상 플랫폼인 '틱톡(TikTok)'에 요즘 관심사가 높은 춤 콘텐츠를 업로드하기 시작하였다. 지금은 속된 말로 동네 장사에서 벗어나 글로벌 고객군을 모집하여 이를 통해 미디어콘텐츠 수익을 창출해 내고 있다.

과거에도 그랬지만, AI 시대에는 회사의 비즈니스 모델을 분석하고 설계하는 일은 더욱더 중요하다. 비즈니스 모델에 대해 분석하고 설계하는 일은 회사의 생존과 성장에 직결되는 일이기 때문이다. 비즈니스 모델에 대한 고민 없이 사업을 한다는 것은 지도 없이 사막을 건너는 것과 같다. 우리 회사의 비즈니스 모델에 대해서 지속적으로 점검하고 설계할 전문가가 회사에 반드시 있어야 하는 이유다.

돈은 벌었지만, 통장은 비어있다면

비즈니스 모델 설계와 더불어서 현금 흐름을 설계하는 것도 회사 운영에 매우 중요하다. 내가 여러 사장님을 만나면서 경험한 바에 따르면, 매출이 떨어져서 회사 운영이 어려워지는 일도 있지만, 매출이 커지고 있는데도 자금난에 빠지는 경우도 생각보다 많다. 실제 내 고객 중에도 이러한 사례가 있다. 이 회사는 해외 OEM으로 물건을 공급받아서 온라인쇼핑몰에서 판매하고 있다. 이미 몇 년간 제품을 판매해오면서, 브랜드 이미지를 구축하고 계속해서 평점을 관리해 와서 매출은 안정적으로 성장하고 있는데, 문제는 제품을 매입하고 판매하고 나서 자금이 다시 회사로 들어오는 자금회수 기간이 6개월 이상 길다는 점이었다. 특히, 이 업체가 판매하고 있는 제품은 성수기와 비수기가 있는 제품으로 성수기 시기에 최대한 자금을 끌어들여서 재고를 사들이다 보니 일시적으로 자금 문제가 발생하게 되었다. 사장님의 고민을 듣고는 기업 대출을 받을 수 있도록 은행관계자를 연결해주어서 일시적인 자금경색은 해결해드렸다. 그런 다음, 현금 흐름에 대한 재설계와 추가적인 자금조달 방안에 대해서 조언과 도움을 드렸고, 지금은 더 나은 상태로 회사를 운영하고 계신다.

이처럼 회사가 잘되어도 현금 흐름을 제대로 설계하지 못하면 매출이 성장해도 통장에 잔고는 늘 없게 된다. 이렇게 성장은 계속하지만, 자금구조를 제대로 설계하지 못한 업체의 경우에는 매년 성장해 나간다면 그나마 문제가 없을 수 있겠지만, 어느 시점에 성장이 멈추거나 매출이 크게 하락하는 일이 생기면, 직원 급여조차 지급하지 못하는 문제 등 여러 방면에서 자금 문제가 생길 수 있다.

세금도 이러한 현금 흐름 설계 시에 중요하게 고려해야 하는 포인트 중 하나다. 개인사업자의 경우 매년 5월(성실신고확인대상 사업자의 경우 6월)이면 종합소득세 신고 및 납부를 하게 되는데, 이 세금은 작년 1년간 벌어들인 소득에 대해서 납부하는 세금이다. 따라서, 작년에 벌어들인 소득이 큰 경우에는 올해 5월(또는 6월)에 세금이 크게 나올 수 있다는 것을 미리 준비해 두지 않으면 크게 낭패를 볼 수도 있다. 실제로 나에게 도움을 요청해 달라고 온 사장님 중 한 분은 1억 3천만 원의 세금폭탄 고지서를 들고 찾아온 적이 있다. 사장님의 이야기를 들어 보니, 작년에는 장사가 잘되었는데 올해 초부터 장사가 잘 안되기 시작했고, 작년에 벌어놓은 돈은 모두 써버렸다고 하였다. 결국, 세무서에 적절하게 대응하여 세금을 1억 이상 크게 낮춰드리긴 했지만, 만약 그때 제대로 대응하지 못하였더라면 이 사장님께서는 회사 문을 닫고 개인회생을 받아야 했다. 이처럼 세금도 현금 흐름 설계 시 중요하게 챙겨야 한다.

비즈니스 모델과 현금 흐름, 전문가와 함께 짜야 하는 이유

내 거래처 중에서 회사에 필요한 작업복, 작업화, 장갑 등 안전용품과 잡화를 정기적으로 다른 회사에 기업 간 거래(B2B)로 판매하는 업체가 있다. 이 업체 사장님께서 최근에 대기업 1곳과 거래할 기회가 생겨서 나에게 자문을 구했다. 거래조건을 살펴보니 거래량이나 다른 조건은 중소기업들 납품보다 좋은데, 물건을 납품하고 그 물건 대금을 9개월 뒤에 지급하는 조건이었다. 또한, 그 회사에 대해서 금융감독원 전자공시시스템(DART) 공시자료를 조사해보니 재무 불확실성으로 인한 감사의견 거절을 받고 상장이 폐지된 업체였다. 거래처 사장님께서는 이 대기업과 거래를 시작하면 거래대금을 많이 증가시킬 수 있어서 회사를 더 키우고 돈을 많이 벌 수 있다고 생각하였지만, 대금이 만약 제때 회수되지 않거나, 회수기일이 더 길어지면 회사 전체 자금흐름에 문제가 생길 수 있었다. 이러한 리스크에 대해서 전체적으로 사장님에게 조언을 드렸고, 결국에는 거래를 최소화하는 식으로 리스크를 줄일 수 있었다.

새로운 영업망(채널)을 개척하는 것도 비즈니스 모델 설계에 중요한 일이고, 어떻게 설계하는지에 따라 현금 흐름도 영향을 받는다. 따라서, 비즈니스 모델과 현금 흐름 구조를 설계하는 전 과정은 매우 중요하다. 특히, AI 시대에는 시장의 변화 속도가 빠르고 크다. 변화가 큰 시기일수록 새로운 변화에 대응하기 위한 자금을 회사에 어느 정도는 갖추고 있어야 한다.

AI시대에 혼자서 비즈니스 모델과 현금 흐름 구조를 설계하고 사업을 성공적으로 해내기란 쉽지 않은 일이다. 이러한 구조를 설계하는 데 도움을 줄 수 있는 전문가가 회사에 꼭 필요하다. 시대 변화에 맞는 비즈니스 모델 분석과 적용으로 회사의 매출을 극대화하고, 현금 흐름 구조 설계를 통해 돈이 남는 구조 만들어 내보자.

절세 그 이상의, 사업구조를 함께 짤 회계사를 만나라

프리 인텔리전스(free intelligence) 시대

최근에 세무 기장을 맡기고 계신 한 사업자분께서 이런 질문을 주셨다. "회계사님, 제가 챗지피티(ChatGPT)한테 물어보니 이런 답변을 받았는데, 이게 맞나요?"

이 질문을 듣고 나서 적잖게 생각이 많아졌다. 아주 예전에는 동네에 가장 나이가 많은 어르신이 존경받는 시대였다. 유교 사상적인 이유도 있지만, 오래 살았을수록 더 많은 경험과 지식을 가지고 있었기 때문이다. 회계사도 사회적으로 인정받고 존중받는 이유는 다른 사람들보다 해당 분야에서 더 많은 경험과 지식 서비스를 제공할 수 있기 때문이라고 생각한다. 하지만 누구나 쉽게 폭넓은 지식을 얻을 수 있는 인공지능 시대에는 전문직의 지위가 달라질 것으로 보인다.

얼마 전 마이크로소프트 공동 창업자 빌게이츠는 미국 NBC 방송국의 '지미 팰런 투나잇쇼'에 출연하여 "향후 10년 이내 인류 다수가 수행하던 역할이 AI의 업무가 될 수 있고, 의료와 교육처럼 전문성이 필요한 영역조차 무료에 가까운 수준으로 보편화된 AI 서비스로 대체 될 것이다"라고 말했다. 즉, 프리 인텔리전스(free intelligence)의 시대로 접어들고 있다고 하였다.[14]

지금까지는 회계사무소에서 근무하는 회계사나 세무사의 역할이 세금 계산을 잘해주고, 각종 감면 공제 방안 등을 통해 사업자에게 절세서비스를 제공해 주는 게 주된 업무였다. 하지만, 앞으로는 단순히 세금만 계산해주는 세무전문가는 설 자리가 더 좁아질 것으로 예상된다. 이미 AI의 발달로 인하여 단순하게 세금을 계산해주고, 절세 전략을 잡아주는 일은 AI를 활용하면 세무전문가가 아니더라도 누구나 어느 정도는 가능하기 때문이다. 이미 회계사, 세무사 업계도 변화는 시작되고 있다.

절세는 기본, AI 시대 회계사의 진짜 역할

그렇다면, AI 시대 회계사의 진짜 역할은 무엇일까? AI 시대의 회계사는 세금전문가로서 절세는 기본이고, 사업체를 믿고 맡기고 있는 사장님을 이해하고 그 회사의 사업구조를 함께 고민하는 '비즈니스전략 전문가'가 되어야 한다. 전통적인 제조업이나 음식점업, 도소매업에 관한 내용과 단순한 세금 지식만 가지고는 사장님들과 소통이 불가능하다.

최근에 나의 거래처 사장님들과 나눈 대화 몇 가지를 소개하면 다음과 같다.

사장님 1.

이 사장님은 국내에서 물건을 매입하여 미국으로 수출하고 계신다. 하루는 나에게 전화가 와서 물건을 판매하고, 판매 대금을 거래상대방이 스테이블 코인 중 하나인 테더(코인, USDT)로 준다고 하는데, 이걸로 결제 대금을 수령해도 되는지 물어보셨다. 그러면서 미국 트럼트 대통령의 관세부과에 따른 비즈니스 영향에 관한 대화를 나누었다.

사장님2.

이 사장님은 지역에서 유명한 '댄스학원'을 운영하고 있다. K-POP 열풍에 힘입어 틱톡(TikTok)에 댄스 콘텐츠를 올리고, 대금을 외화로 정산받았는데 부가가치세 이슈와 해외법인 현지 진출과 관련된 사항에 대해서 대화를 나누었다.

사장님3.

이 사장님은 한정판 거래 플랫폼 크림(KREAM)에서 한정판 신발을 매입하고 계신다. 크림을 통해 개인으로부터 물건을 매입하는 경우 세금 이슈에 대해 물어보셨고, 새로운 전자상거래 플랫폼에서 거래 시 이슈 사항에 관해서 대화를 나누었다.

사장님4.

이 사장님은 국내에서 옷을 직접 제작하여 일본인을 대상으로 온라인 쇼핑몰에서 옷을 판매하고 계신다. 일본 쇼핑몰에 대한 관리와 크로스보더 이커머스 관련 대화를 나누면서 엑심베이 대금 정산에 관해서 물어보셨다.

앞서 소개해 드린 대화 이외에도 비즈니스 관련된 수많은 대화를 지금도 나누고 있다. 이제는 단순히 세금에 관한 지식만 가지고는 사장님들과 대화가 어렵다. 비즈니스 전반에 대한 이해가 선행되어야 한다. 테더와 같은 스테이블 코인이 무엇인지, 이걸 가지고 결제했을 때 어떤 이슈가 있는지, 틱톡과 같은 플랫폼은 무엇이고 정산구조는 어떻게 되어있는지, 크림(KREAM)은 무엇인지(아마 회계사무소를 하시는 분 중에서도 못 들어본 사람도 있을 거라 본다), 크림(KREAM)으로 구매했을 때 부가세 이슈는 무엇인지, 국내에서 서비스하는 쇼핑몰 플랫폼을 바탕으로 크로스보더 전자상거래 관련된 내용과 국내, 해외 통합 결제서비스인 엑심베이는 무엇인지 등, 이러한 다양한 상황과 비즈니스 방식에 관해서 연구가 되어 있지 않으면 앞으로는 양질의 서비스 제공은 어렵다.

AI 시대에는 사업구조에 대한 전략적 의사결정에도 회계사와 같은 전문가의 도움이 필요하다. 예를 들어, 개인사업자에서 법인사업자로 전환 시 언제 법인전환을 하는 게 가장 유리한지, 법인 설립을 한다면 지분구조나 자본금, 그리고 급여 수준은 어느 정도로 해야 하는지, 스톡옵션 발행 시 계약서에 고민되어야 하는 사항은 무엇인지, 비즈니스 피봇(Pivot)을 진행할 때 고려해야 할 사항이나 피봇 이후의 세금, 법률 기타 이슈 사항은 없는지, 진입장벽 구축과 위임 방식에 어떠한 것들을 고려해야 하는지 등도 회계사와 함께 고민하고 설계가 필요하다.

아직도 세금계산만 해주는 전문가와 함께하고 있는가?

외부 강의를 다니다 보면 쉬는 시간에 세금과 사업구조에 대해서 이런저런 질문을 주시는 분이 많다. 관련해서 답변을 다해 드리고 나서 내가 사장님께 물어보는 질문 중 하나는 '혹시 맡기고 계신 회계사나 세무사 없으신가요?'인데, 흥미로운 것은 질문을 주시는 사장님 대부분은 이미 다른 회계사무소에 본인 회계 장부를 맡기고 계신 경우가 많았다. 내가 다시 사장님께 "그러면 제가 답변드린 부분에 대해서도 강의 마치고 맡기고 계신 회계사님이나 세무사님께 질문드려보세요"라고 말씀드리면, "맡기고 있는 세무사님이 나이가 많아서 잘 모르는 것 같다"라거나, "우리 세무사님은 통화가 어려워서 잘 안 물어봐요" 등 다양한 이유로 소통을 안 한다고 말씀 주시는데, 이런 말을 들을 때마다 당황스러울 때가 많다.

세무 기장을 맡기면 매월 기장료라는 돈을 회계사나 세무사에게 낸다. 돈을 내면 서비스를 받아야 하는 것은 당연하다고 생각한다. 나에게 세무 기장을 맡기는 사장님께 내가 가장 먼저 주문하는 것은 '나'와 우리 회계사무소 직원을 많이 괴롭혀 달라(?)는 요청이다. 매월 기장료라는 돈을 지불하고 서비스를 이용하시는데, 그냥 가만히 있지 마시고 세금에 대해서 궁금한 게 있으면 자주 전화해 주시고, 전화가 부담스러우면 카카오톡을 달라고 말씀을 드린다.

아직도 세금 신고 기간에만 연락을 주면서 '세금이 얼마 나왔습니다'라고 말하는 회계사무소와 일을 하고 있는가? 그건 회계사무소에서 당연하게 해야 할 일이고, 더 나아가 세금 신고 기간 이전에 경비 체크와 예상 세액 검토를 통해서 미리 세금에 대한 대비까지 되어야 한다. 여기에 더 나아가 사업의 성장에 도움을 받고 싶다면, 비즈니스 전략 전문가인 회계사를 찾아가길 추천해 드린다. 단순히 세금만 계산하길 원한다면, AI의 도움으로도 얼마든지 가능한데, 왜 매월 기장료를 내고 있는지 자신에게 되물어야 할 시간이다.

당신과 함께하는 회계사는 사업경험이 있는가?

사업을 해본 회계사는 무엇이 다른가?

공인회계사 시험에 합격하고 나면, 대부분 졸업과 동시에 회계법인에 취직하여 2년간 수습 회계사 생활을 시작한다. 그런 다음 회계법인을 계속해서 다니거나 그게 아니면 로컬회계법인으로 이직하여 개업회계사로 일을 해 나간다(아예 적성에 맞지 않아서 다른 직종으로 이직하는 경우도 있긴 하다).

나 역시 처음 시작은 비슷했다. 스물다섯에 대학교 재학 중에 회계사 시험에 합격하여, 스물여섯에 회계법인에서 수습을 시작했다. 회계사가 되기 전부터 사업을 너무 하고 싶은 병(?)에 걸려 있었던 터라, 회계법인에서 5년 차가 되었을 때 회사를 그만두고 다른 스타트업에 이직하여 1년 동안 다니면서 경험을 쌓고 그 회사를 나와서 트레블테크기업 '트리버여행'을 창업했다. 처음 창업한 회사는 기존에 내가 회계법인에서 하던 일과는 아예 무관하고 주위에 도움을 받을 수 있는 사람도 없었는데, 창업 후 비즈니스 모델을 만들어서 초기 투자를 받기까지 막막했던 경험이 아직도 생생하다.

하지만 대부분의 회계사는 사업을 직접 하지 않는다. 내가 생각할 때는 모험가적인 성향(Risk taker)을 지닌 회계사보다 위험 회피적인 성향(Risk aversion)을 지닌 회계사가 많은 것도 그 이유 중 하나이지만, 가장 큰 이유는 연차가 어느 정도 쌓이면 상대적으로 높은 연봉을 받으므로 기회비용이 매우 크기 때문에 위험을 무릅쓰면서까지 창업할 이유가 하나도 없기 때문이다. 그래서 회계나 세무의 전문가로서 조언은 누구보다 더 뛰어나지만, 회계사가 사업가의 시선에서 사장님을 이해하고 조언해주기란 쉽지 않다.

창업 당시에는 비즈니스 모델을 만들어내고, 직원을 관리하고, 위기 속에서 기회를 잡아내는 일련의 과정들이 정말 힘들었지만, 지금은 사업을 운영하며 생긴 문제 해결 능력을 바탕으로 나에게 세무 기장을 맡겨주시는 사장님에게 세금만 보지 않고 회사의 이익을 만들어내는 구조 자체를 함께 점검하고 조언한다. 직접 사업을 해본 경험이 있는 회계사만이 할 수 있는 강점이다.

숫자 너머의 경영을 이해하는 힘

회계사로 회계감사 부서에 근무하게 되면 특정 회사를 고정적으로 나가는 일도 있지만, 일반적으로 여러 회사를 경험하게 된다. 나도 처음에는 특정 회사를 고정적으로 나가다가, 나중에는 정말 많은 회사를 돌아다녔는데 이런 회사, 저런 회사 다니면서 비즈니스에 대해서 잘 안다고 생각했었다. 하지만, 막상 직접 창업해보니 그건 큰 착각이자 교만이었다.

회계사로 회계감사라는 일을 하면서 회사를 바라볼 때는 이미 장부에 만들어진 매출이나 비용이 장부에 적정하게 계상되었는지에 초점을 맞췄다면, 사업가로서 무(無)에서 어떻게 유(有, 매출)를 만들지에 대해서 고민하는 일은 완전히 달랐다. 회계 지식뿐만 아니라, 회계법인에서 회계사로 일하면서 경험하지 못한, 마케팅, 인사, 운영, 영업 등 사업 전반에 대한 일은 아예 새로운 영역이었다.

회사의 자산, 부채 그리고 자본이 기록된 재무상태표와 매출, 매입 그리고 판매관리비 등이 기록된 손익계산서만 가지고 회사를 완전하게 이해할 수 있을까? 쉽지 않다고 생각한다. 숫자가 상당히 많은 부분을 이야기해주지만, 그 이면에 들어있는 진짜 의미를 파악하는 일은 단순히 숫자만 본다고 알기란 어렵다. 더 나아가 어떠한 문제를 파악했다고 하더라도, 그 문제를 어떻게 해결할지 조언해주는 일은 더욱더 어렵다. 회계 지식과 사업 감각이 결합하였을 때, 그 조언은 실행할 수 있는 전략이 될 수 있다. 사업 경험이 있는 회계사를 만나야 하는 이유다.

위기를 넘어, 기회를 함께 설계하는 파트너십

중국어로 사업이라는 단어는 '생의(生意, shēng yi)'라고 하는데, 한자 뜻을 그대로 풀이해보면 활력, 생명력이라는 뜻이다. 사업가들을 만나보면 '사업'을 살아있는 생물과 같이 비유하곤 하는데, 생명처럼 생겼다가 성장했다가 다시 쇠퇴하는 시기를 반복하기 때문이다.

사업을 하다 보면 위기와 성장의 부침을 함께 겪는다. 하지만, 회사가 어려운 시기에도, 회사가 잘되는 전성기에도 회사의 방어 전략과 공격 전략을 짜줄 전문가는 언제나 필요하다. 특히, 회사가 급성장하고 있을 때는 더욱더 이러한 전문가가 필요한데, 급성장에 따른 세금폭탄에 대비가 필요하고 시장 확장에 따른 구조 개편과 회사자금 흐름 전반에 대한 계획 수립이 되어야 하기 때문이다.

잘 되고 있다고 해서 다가올 위협을 대비하지 않는다면 언제든지 한방에 가라앉을 수 있는 게 사업이다. 사업을 직접 하는 사장님은 객관적으로 이러한 것들을 바라보기가 쉽지 않다. 단순하게 절세하는 것을 넘어, 사업 경험이 있는 전문가를 만나라. 사업 경험이 있는 전문가는 3년, 5년 뒤에도 안정적으로 성장할 수 있는 로드맵을 그리는 데 도움을 주는 파트너가 될 수 있다. 그렇게 한다면 회사의 위기를 안정적으로 넘기고 새로운 기회를 만들어낼 수 있을 것이다.

당신과 함께하는 회계사는 회사를 성장시키고 있는가?

세금만 불러주는 회계사는 잊어라.
기업가 마인드를 가진 회계사와 함께하라

통계청이 발간한 2024년 〈국세통계연보(25.01.09)〉에 따르면, 2024년 기준 개업 세무사의 평균 매출은 3억 4천만 원이라고 한다. 그 정도 매출을 만들려면 대략 150개에서 200개 사이의 거래처를 확보하고 세무사 1명과 직원이 3~4명 정도가 된다.[15] 실제로 내 주위에 어느 정도 자리를 잡았다고 말하는 회계사무소를 가보면, 직원 3~4명에 회계사 1명 또는 세무사 1명이 있는 회계사무소가 많다. (물론 특출나게 잘해서 직원이나 거래처가 더 많은 곳이나, 반대로 거래처나 직원이 더 적은 곳도 있다)

왜 그럴까? 회계사무소 비즈니스에서 매출을 늘리려면 가장 먼저 영업이 되어야 한다. 또 영업이 되고 나면 그 거래처를 담당하기 위한 직원을 늘려야 한다. 문제는 회계사나 세무사 혼자서 영업도 하고, 직원 관리도 하고 또 세금 신고 기간에 결제까지 봐주기란 여간 힘든 게 아니라는 점이다. 거기다가 이미 어느 정도 자리를 잡고 있으면 세후로 1억에서 2억 정도 벌고 있는데, 여기서 더 욕심을 내서 매출을 높여봐야 세율구간이 35~45%대에 걸리게 되어 세금 부담이 더 커지게 되어 일할 의욕이 저하된다. 그래서 어느 정도 자리를 잡은 개업 회계사나 개업 세무사 선배님들과 대화해보면, "더 열심히 해봐야 세금만 많이 나가고 직원 관리만 스트레스받는데 뭐 하러 더 열심히 하냐?"라는 자조 섞인 이야기를 듣게 된다.

한편으로는 일리가 있는 말이긴 하지만, 나는 좀 다르게 생각한다. 회계사업도 사업이다. 따라서, 사업을 더 키우고 성장시켜 나갈 수 있다고 생각한다. 내 사업을 성장시켜 나가야 나와 함께하는 사장님의 사업도 키워내는 데 도움을 줄 수 있다고 생각한다. 그러기 위해서는 차별화된 서비스를 제공해야 한다. 차별화된 서비스를 제공하기 위해서는 더 조직이 커지고 더 많은 거래처를 다루어본 경험이 있어야 더 나은 서비스를 제공할 수 있다. 수술 경험이 많은 의사가 수술을 잘하는 경우와 마찬가지다. 다루어본 사례가 적으면 퀄리티 높은 서비스를 제공하기에는 한계가 있다.

이미 업계 평균 매출과 근로자 수를 뛰어넘은 지금도 기업가 마인드를 가지고 매일 회계사무소 성장에 대해 고민하고 있다. '왜 다른 회계사무소가 아닌 정민회계사무소에 맡겨야 하는가?' '정민회계사무소만의 강점과 차별화 요소는 무엇인가?', '어떻게 하면 더 좋은 퀄리티의 서비스를 제공할 수 있을까?'와 같은 고민에 대한 답을 찾기 위해 계속 연구하고 노력하고 있다. 당신과 함께하는 회계사는 세금만 불러주는 회계사인가? 사업을 성장시키고 있는 회계사인가?

현재에 안주하지 않고 성장 · 발전하는 회계사

회계사업은 일반적으로 업무가 특정 기간에 몰려있어서 시즌과 비시즌으로 나누어진다. 개업 회계사의 경우 상반기가 주로 바쁜 시즌이다, 1월은 부가가치세 신고를 시작으로 2월과 3월에는 회계감사와 법인세 신고업무, 5월에는 종합소득세 신고를 하고, 6월에는 성실신고대상확인사업자 종합소득세 신고업무가 있기 때문이다. 하반기면 다소 한가하게 휴가도 다니고 매우 여유롭게 지낼 만도 한데, 매일 바쁘게 살다 보니 왜 이렇게까지 열심히 사는지에 대해 주위 동료들이 물어보곤 한다. 하지만, 현재 상황에 안주하면 안 된다고 생각한다. 나에게 세무 기장 서비스를 맡겨주시는 사장님들에게 차별화되고 더 나은 서비스를 제공하기 위해서는 회계사무소의 규모도 커져야 하지만 회계사무소의 대표인 나도 더 성장하고 발전해야 더 나은 서비스를 제공해 줄 수 있다고 생각하기 때문이다.

해외구매대행업에 관한 책을 쓰게 된 계기도 그것이다. 2023년 12월에 출간한 《세금 모르면 해외구매대행업 절대로 하지 마라》라는 책을 통해서 해외구매대행업을 하시는 사장님들에게 세금과 관련하여 더 양질의 정보와 절세방법을 알려드렸다.(약간의 자랑을 하자면, 지금도 해외구매대행업에 대해서 온라인에 본인이 전문가라는 블로그 글들이 넘쳐나지만, 해외구매대행업만을 주제로 해서 세금 관련 책을 쓴 건 내가 처음이다) 책을 쓰지 않아도 해외구매대행업에 대해서 세금 신고를 할 수 있다. 하지만, 어떻게 하면 더 정확한 양질의 서비스를 사장님들에게 전달할 수 있을지 고민하고, 수많은 해외구매대행업 사장님들의 세금 신고와 질문들에 답변을 드리다 보니 그게 책으로 이어졌다.

오프라인 세무 특강을 하는 것도 같은 이유다. 스타트업 창업자를 대상으로 창업자가 알아야 할 세금 지식에 대한 강의, 종합소득세 절세 강의, 해외구매대행업 사업자들 대상으로 한 강의, 유튜버 사업자를 대상으로 절세 강의 등 업종을 가리지 않고 사업자가 계신 곳이면 어디든 가서 강의를 해드리고 있다. 최근에는 인스타그램 계정을 생성하여 세금에 관한 재미있는 지식에 대해서 릴스(쇼츠)를 올리고 있는데, 4번째 올린 게시물이 1만 뷰 이상이 나올 만큼 시작부터 반응이 꽤 잘 나오고 있다.

승리로 이끄는 건 선수지만, 경기의 판세를 읽는 건 코치다

나 자신을 세금 계산을 해주는 전문가가 아닌 경영자 마인드를 가진 사업가라고 생각한다. 따라서, 단순하게 세법적인 지식만 전달해주는 것을 넘어 경영자 마인드로 사장님들께 전략적인 조언을 드린다. 세법은 매년 개정되고, 사업환경이나 기술은 급격하게 변화한다. 기존에 시험공부 할 때 배웠던 얇은 지식만으로는 단순하게 세금 계산은 할 수 있을지 모르겠지만, 그것만 가지고는 나를 믿고 나라는 전문가를 활용하시는 사장님에게 고퀄리티 서비스를 제공할 수 없다. 골을 넣고 경기를 승리로 이끄는 건 선수가 해야 할 일이지만, 전략을 짜고 판세를 읽는 건 코치와 감독이 해야 할 일이다. 회계사의 역할도 코치와 감독과 같다고 생각한다. 단순히 '세금이 얼마 나왔으니 내세요' 라고 안내해주는 것은 전략적인 코칭이 아니다.

운이 좋게도, 나도 계속해서 성장하고 있지만, 나와 같이하는 사장님들도 성장하고 있는 분들이 많다. 음식점 3개일 때 만나서 지금은 13개의 음식점을 운영하고 계신 사장님, 해외구매 대행업 매출이 1억도 안되는 상황에 나를 만나서 지금은 OEM 생산을 통해서 30억 원 이상 물건을 판매하고 있는 사장님, 대기업에 다니면서 따로 사업자를 내서 부업으로 할 때 만나서 지금은 대기업을 그만두고 나와 연 매출 100억 가까이 만들어가고 계신 사장님 등 많은 사장님이 같이 좋은 결과 만들어 내고 계신다. 전적으로 사장님들이 잘하고 열심히 해서 좋은 결과를 낸 것이지만, 그 과정에 내가 어떤 식으로든 조언과 어려운 부분에 대해서 고민 해결을 도와드리고 있다.

더 성장을 더 하고 싶다면, 사업가 마인드를 가지고 성장 DNA를 가진 회계사를 만나라. 사업가 마인드를 갖춘 회계사와 일하면 세금적인 문제점을 해결해 주는 것은 물론이고, 더 나아가 회사의 성장에도 도움을 줄 수 있는 전략적인 아이디어를 얻을 수 있다.

1인 기업, 소기업, 자영업자에게 진짜 필요한 'High Output TEN(10배) 회계사'

새로운 변화를 끊임없이 연구하는 전문가를 만나라

공부의 길은 끝이 없는 것 같다. 예전에 부모님께서 학생 때는 좋은 대학만 가면 된다고 하시더니, 좋은 대학을 가보니 군대만 갔다 오면 다 될 것처럼 말씀하셨고, 군대를 갔다 와서 회계사 공부를 시작하니 회계사만 되면 다 된다고 말씀하셨는데, 막상 회계사가 되고 나니 끝이 아니라 지금도 끝없이 연구하고 공부하고 있다.

AI 시대의 전문가는 예전에 공부한 지식만 가지고 평생 써먹는 식의 방식으로는 더 이상 성장할 수 없다. 기술 발달에 따른 새로운 플랫폼의 등장, 새로운 사업방식에 관한 연구, 비즈니스 환경변화에 관한 공부가 끊임없이 이루어져야 한다. 그래야 나와 함께 하는 사장님들에게 더 나은 인사이트를 제공하고 회사를 성장시키는 데 조금이나마 도움을 줄 수 있다.

회사 규모가 작은 기업, 심지어는 1인 기업도 기회를 잡고 시장의 판도를 바꿀 수 있는 시대적 전환점에 우리는 서 있다. 지금까지 수십 년 동안 한국경제의 부(Wealth)의 구조는 소수의 재벌 대기업 중심으로 유지되어왔고 개인이나 소규모 사업자가 이 판을 뒤집기란 거의 불가능에 가까웠다. 하지만, AI 도입의 가속화로 규모가 작은 기업, 소상공인, 자영업자에게도 AI를 얼마나 잘 활용하는지에 따라 경쟁력을 갖출 수 있는 시대가 열렸다.

이러한 환경에서 전문가와 함께 손을 잡고 사업을 해나가는 것은 중요하다. 대기업들도 전문가 그룹을 운영하고 있다. 작은 회사나 1인 기업이라고 해서 아예 혼자서 고민할 필요는 없다. 요즘은 조금만 온라인에 찾아보면 자기 어필을 하는 전문가를 찾을 수 있다. 그중에서도 새로운 변화에 대해서 끊임없이 연구하고 공부하는 전문가를 만나길 권한다. 매년 개정되는 세법 공부는 당연하고, 비즈니스에 대한 경험을 가지고 환경의 변화를 공부하는 전문가를 만난다면 작은 기업이라 할지라도 충분한 통찰력을 얻고, 이를 통해 글로벌 시장 진출도 현실화할 수 있다.

새로운 환경에 유연한 마인드를 갖춘 전문가를 만나라

새로운 것들이 매일같이 등장하는 요즘 시대에는 유연성도 정말 중요한 자질이다. 잘 모르는 게 있으면 공부하려고 하는 마인드, 새로운 도구나 시스템을 받아들이려고 하는 마인드, 계속해서 더 발전하려고 하는 마인드를 갖추는 게 매우 중요하다.

실무를 하다 보면 다른 회계사무소에서 다루지 않거나 세금 신고를 잘못해서 나에게 오는 경우가 종종 있다. 예를 들어, 복잡한 양도세 신고나 상속·증여세 신고를 안 해주는 경우나, 해외구매대행업 세금 신고를 안 해주거나 잘못 신고해 주는 경우, 역직구나 새로운 비즈니스 모델로 사업을 해서 세금 신고를 못 해주는 경우 등 케이스는 다양하다. 새롭게 등장한 비즈니스 구조라서 공부해야 한다거나, 위험성은 높은데 돈은 많이 못 번다고 생각해서일 수도 있고, 여러 가지 이유는 있을 수 있다. 하지만, 어쨌거나 기존의 관성대로 잘 알고 잘하던 분야만 하려고 해서 그런 게 아닌가 하는 생각이 든다.

나 역시도 잘 모르는 새로운 플랫폼, 새로운 기술, 새로운 거래유형에 대해서 상담할 때면 새로 공부해야 하므로 시간도 많이 소모되고 피곤하다는 생각이 들 때도 있다. 하지만, 모르면 배워야 한다. 그래야 더 좋은 서비스를 제공할 수 있다고 유연하게 생각하려고 하는 편이다.

챗지피티(Chat GPT)와 같은 도구가 나왔을 때도 '아, 그냥 그런 게 있다' 하고 넘어가는 전문가도 있겠지만, 업무에 적극적으로 써봐야지 하는 전문가도 있다. 나도 챗지피티를 업무에 사용한다. 아직은 틀린 내용이 많아서 내가 중간중간 확인해야 하는 경우도 많지만, 단순하게 사안을 요약하거나 정리해주는 데는 엄청나게 시간을 많이 아껴주어서 효율적인 도구로 쓰고 있다.

처음에는 책을 쓸 생각이 전혀 없었는데, 생각을 유연하게 바꾸어 전문성 없이 세금 계산만 하는 회계사무소는 살아남기 힘들다는 생각이 들어서 책을 쓰기 시작했다. 2023년도에는 《세금 모르면 해외구매대행업 절대로 하지 마라》를 출간해서 신종 비즈니스인 해외구매대행업의 세금에 대해서 국내 최초로 책을 냈다. 이후 AI와 비즈니스 환경을 공부해 보면서 더 전문성을 갖추기 위해서 책을 써야겠다는 생각이 들어서 지금 이 책을 집필했다.

새로운 환경이나 기술을 가지고 회계사와 이야기하는데, "저는 잘 모르겠는데요?"라고 말하고 마는 회계사나 세무사와 일하고 싶은가? 적어도 회사를 키우고 싶다면 유연성을 바탕으로 계속해서 전문성을 갖추어 나가는 회계사를 만나라. 그래야 회사를 10배, 100배 키워낼 수 있다.

커뮤니케이션이 잘되는 전문가를 만나라

최근 한국공인회계사회가 주최한 제1회 'AI혁신감사인증포럼'에서는 '국내 회계 감사업계의 AI 기술 활용 현황 및 한국공인회계사회의 역할'을 주제로 강의를 진행했다. 나도 기회가 되어 듣게 되었는데, 엄청나게 충격을 받았다. 회계감사는 감사 전 계획단계부터 회계감사 실시단계, 감사 종결 단계를 거치게 되는데, 회계감사의 전 단계인 감사를 계획하는 단계에서부터 위험을 평가하고 감사를 시행하는 모든 단계에서 AI를 활용하는 방식으로 회계감사 방법이 바뀌고 있었다. 그런데, 중요한 점은 많은 사람의 우려와 달리 AI가 회계사를 대체하는 방식이 아니라 회계사의 보조역할로써 사용되고 있다는 것이다. 이러한 움직임은 비단 우리나라뿐만 아니라 글로벌 공인회계사회에서 모두 마찬가지였다.

아무리 AI가 발달해도, 사람이 그 중심에 있어야 한다. 사람이 없다면 기업이 성장하든, 돈을 많이 벌든 도대체 무슨 의미가 있을까? 사람 중심에서 가장 중요한 것은 커뮤니케이션이다. 소통능력을 잘 갖춘 전문가와 함께해야 현재의 문제점에 대해서 정확하게 고민하고, 한 단계 더 성장하는 방안을 마련할 수 있다. 아무리 뛰어난 전문가라도 소통이 잘 안되면 유의미한 결과물을 만들어 내기는 어렵다. 지금 같이 일하고 있는 전문가는 소통이 잘되고 있는가? 같이 일하고 있는 전문가가 적극적인 소통능력을 바탕으로 우리 회사 성장에 도움이 되고 있는지 다시 한번 생각해볼 시간이다.

2.

High Output TEN(10배)
회사를 10배 키워주는 회계사입니다

AI 시대, 연결하는 자가
10배 100배 성장한다

AI 시대에서 인공지능이 많은 영역에서 사람을 대체하겠지만, 대체할 수 없는 3가지가 있다고 한다. 바로 ① 창의적인 일, ② 감정적인 일, ③ 사회적인 일이다. 개업 회계사로 현장에서 일하다 보면 이러한 창의적이면서 감정적인 부분을 맞춰야 하는 일이 종종 생기는데, 그게 바로 '소개'다.

사업을 더 확장해나가고 싶거나 회사에 막히는 문제가 생겼을 때, 대부분 필요한 것 중 하나는 자금과 사람이다. 문제가 있는 부분을 해결할 사람을 소개하거나 투자자를 소개하는 일은 보기에는 쉬워 보이지만 단순치가 않다. 머릿속에서 '이 사장님과 이 투자자를 소개해 주었을 때 생각이나 성향이 잘 맞을까?', '지금 타이밍에 이 사람을 소개해 주는 게 맞을까?' 등 창의적이고 감정적인 부분을 고려해야 할 게 많기 때문이다.

사람을 연결하면 기회가 열린다

우리 지역에서 연 매출 50억 원을 하는 음식점이 있다. 이 식당은 우리 지역에서는 모르는 사람이 없고, 점심시간이면 늘 대기가 있을 정도로 장사가 잘된다. 이 정도 매출이면 만족하고 안주할 수도 있지만, 이 음식점 사장님은 전국에 프랜차이즈 사업을 해서 100억 이상의 매출을 만들어 보고 싶다는 꿈이 있었다. 얼마 전에 사장님께서 나를 찾아와서 막상 어디서부터 시작해야 할지 난감하다고 내게 고민을 털어놓으셨다. 나는 가장 먼저, 사장님께 프랜차이즈 사업의 리스크에 대해서 설명을 해드렸다. 프랜차이즈 음식점은 음식의 맛을 어느 지점이든 일정하게 낼 수 있도록 정형화하고, 물류를 설계해야 한다. 기존에 단일 매장을 운영하는 것과는 완전하게 다른 일이기 때문에 사장님이 무작정 시작한다면 엄청난 시행착오와 실패의 위험이 있다는 점도 말씀드렸다. 그리고 사업을 확장하는 데 있어 속도가 매우 중요한데, 혼자 해서 5년 10년 걸릴 일을 잘 아는 전문가가 도와준다면 1~2년 만에 할 수도 있고, 그 시간과 기회비용은 엄청나게 크다는 점도 설명해 드리면서 가맹사업을 100개 이상 해보신 프랜차이즈 전문가를 소개해드릴 테니 만나보고 이야기를 들어보라고 말씀을 드렸고, 미팅을 주선했다.

그 결과, 지금은 대전점을 시작으로 나에게 소개받은 프랜차이즈 전문가를 통해서 전국단위 프랜차이즈 사업에 본격적인 박차를 가하고 있다. 아마 목표한 대로만 된다면 연 매출 100억을 넘어 200억, 300억 매출도 충분히 가능할 것으로 생각한다.

전문가를 연결하여 사업 리스크를 줄이는 법

보통 개업 회계사라고 하면 단순하게 '세금을 절세해 주는 사람', '세금을 대신해서 신고해 주는 사람' 정도로만 생각하는 경우가 많은데, 모든 회계사와 세무사가 꼭 세금 관련 일만 하는 것은 아니다. 특히, 회계나 세무 분야와는 전혀 관련이 없는 경우에도 사장님에게 도움을 드리는 경우가 많은데, 최근에도 한 사장님의 문제를 해결할 전문가를 연결해 드린 적 있다. 이 사장님은 최초에는 법인을 운영하면서 동업자와 사업을 하고 있었는데, 동업자의 지분을 모두 사서 동업자를 정리했었다. 그런데, 동업자가 본인 몰래 별도의 법인을 설립하여 아직도 기존에 동업하던 회사를 함께 운영하는 것처럼 속여서 외부로부터 투자받고, 그 돈을 다 써버렸다는 사실을 뒤늦게 알게 되었다. 투자자도 당연히 우리 사장님과 동업한다고 믿고 투자를 했기 때문에 이 문제를 제대로 처리하지 않으면, 기존 사업을 해 나가는 데 있어서 심각한 문제가 발생할 수도 있었다. 내용을 전반적으로 듣고, 기업 관련 법률문제를 전문적으로 다루는 변호사님을 소개해 드렸고, 다행히도 지금은 법률적으로 문제를 해결하여 다시 사업을 잘 진행하고 있다. 이러한 법률적인 문제 이외에도 직원의 퇴직금 문제나 4대보험 문제, 노사갈등 문제, 법인설립에 관련해서 도움이 필요한 문제 등 다양한 분야에 있어서 도움을 요청하시면 노무사, 법무사, 감정평가사 등 각 분야에 맞는 전문가를 연결하여 문제 해결에 도움을 드리고 있다.

자본을 연결하여 사업을 키우는 법

돈은 참 이상하다. 회사가 잘되고 있어도 돈이 부족하고, 회사가 잘 안되어도 돈이 부족하다. 전자의 경우에는 계속해서 재고를 구매하거나 재투자가 활발하게 이루어지기 때문이고, 후자의 경우에는 회사가 매출이 떨어지거나 내부나 외부적인 문제로 비용이 심하게 증가해서 회사가 어려워져서 그렇다.

우리 회계사무소에 세무 기장을 맡기고 있는 사업자 중 한 사장님은 본인이 가지고 있는 기술력을 바탕으로 지난 몇 년간 매년 매출이 2배씩 성장하면서 회사가 급격하게 커지고 있었다. 제조업을 운영 중이신데, 수주할 일거리가 정말 많음에도 장비와 설비 캐파(capacity)가 부족해서 다 감당하지 못하는 게 아쉽다며 고민을 말씀해 주셨다. 재무제표를 확인해보니 이미 차입금은 회사가 가용할 수 있는 최대한으로 사용하고 있었기 때문에 금융권에서 추가적인 대출은 쉽지 않은 상황이었다. 그래서 다방면으로 고민한 끝에 이러한 회사에 투자하는 것에 관심을 보이는 투자자를 찾아서 소개해 드렸다. 결과적으로 투자는 성공적으로 이루어졌고, 투자받은 이후 사업장을 인근 산업단지에 있는 더 큰 곳으로 이전하면서 새로운 장비를 들여와 더 많은 수주를 할 수 있게 되었다. 이 회사는 올해나 내년쯤이면 지금보다 몇 배는 더 성장해 있을 것으로 기대된다.

AI를 뛰어넘는 전문가,
고객의 자산을 키워주는 컨설턴트

AI시대의 회계 · 세무사, 사라질 것인가
변화할 것인가?

　AI 시대에는 이전에는 없던 새로운 직업이 생겨나기도 하겠지만, 사라질 직업도 분명히 있을 것이다. 한국언론진흥재단 미디어연구센터의 온라인 설문조사(2023년)에 따르면, 챗GPT와 같은 생성형 AI를 이용하는 일반 이용자에게 물어본 결과 '번역가, 통역가'가 AI로 대체될 직업 1순위로 뽑혔고, '회계사와 세무사'는 4순위로 뽑혔다. 과연 회계사와 세무사라는 직업은 정말로 사라질까?

　이것은 사실 나에게도 상당히 중요한 질문이다. 내가 지금

하는 일이 끓고 있는 냄비 속의 개구리 같은 상황이 아닌지 늘 고민하곤 한다. 내 생각에는 회계사와 세무사라는 직업이 완전하게 사라지진 않을 것 같다. 실무를 해보면서 몇 가지 이유를 발견하는데, 가장 중요한 것은 회계사가 하는 일에는 사람의 판단과 책임이 들어간다는 점이다. 먼저 세금 관점에서 보면 부가가치세 신고 시에도 업무 관련성에 따라서 부가가치세를 공제해야 할지 불공제해야 할지 사람의 판단이 들어가고, 종합소득세 비용처리 관점에서도 비용처리를 할지 말지가 전문가의 판단에 따라 달라질 수 있다. 또한, 회계사만이 할 수 있는 일 중에서 회계감사 업무의 경우 감사 의견이 적정한지 판단하는 데 있어서 수많은 감사증거를 확보하고 이에 대해서 의사결정을 하게 되는데, 이러한 판단은 결국 사람이 하므로 AI로 완전하게 대체하기란 쉽지 않다고 생각한다.

물론 AI도 판단할 수 있다는 주장도 있을 것이다. 물론 가능은 하다. 하지만, 'AI의 판단에 대해서 무조건 맞다고 볼 것인지?', 그리고 '만에 하나 잘못된 판단을 했을 때는 누구에게 책임을 물어야 하는 것인지?' 등과 같은 책임소재 문제는 해결하기 어려운 숙제다.

그 밖에도 회계사와 세무사는 국가와 납세자 간의 중간자 역할을 하므로 AI가 대체하기란 어렵다고 본다. 국가가 존속하는

한, 세금은 반드시 징수해야 하고, 납세자와 국가 간의 연결고리 역할을 하는 회계사, 세무사는 꼭 필요하다. 예를 들어, 지금도 세금 문제가 있어서 세무서를 찾아가면 세무공무원은 회계사나 세무사에게 가서 관련 문제를 해결해 오라고 이야기한다. 지금도 AI가 충분히 세금 계산이 가능한 정도로 수준이 올라와 있지만, AI 계산만을 토대로 세금을 부과하고 징수한다면 문제가 생겼을 때 책임을 질 사람도 없고, 어떠한 과정에서 세금이 계산되었는지 알려줄 사람도 없게 된다.

대신에 단순하게 세금만 계산해오던 회계사나 세무사는 입지는 매우 좁아질 것으로 예상된다. 반대로 유튜브, 방송 등을 통해서 전문가로서 인지도를 갖추거나, 책을 집필하거나 하는 등의 전문성을 갖춘 회계사나 세무사는 오히려 그 전보다 돈을 많이 벌 기회가 더 생길 것이다. 특히나, AI가 대체할 수 없는 복잡하고 창의적인 서비스인 컨설팅을 제공할 수 있는 전문가라면 더욱더 가치가 있을 것으로 생각한다. 나 역시도 컨설팅 업무를 많이 하고 있는데, 그중에서 몇 가지를 소개해 보려고 한다.

법인전환 컨설팅

법인전환 컨설팅이란 개인사업자를 법인으로 전환하는 일련의 과정 설계를 말한다. 실무에서 개인사업자를 법인사업자로 전환하는 이유는 여러 가지가 있지만, 그중 대다수는 개인사업자의 종합소득세와 법인사업자의 법인세의 세율 차이로 인하여 세금 부담을 완화하기 위한 목적으로 법인전환을 선택한다. 이렇게 법인전환을 할 때는 단순하게 세금만 고려하는 게 아니라 여러 가지 장·단점과 경우의 수를 두고 판단이 필요하다. 예를 들어, 법인전환의 기준일은 언제로 하면 가장 좋을지, 포괄양수도 혹은 현물출자 방식 중 어떤 방법이 좋을지, 법인전환 시 영업권 평가를 할지, 자본금은 얼마로 해야 하는지, 주주 구성은 어떻게 해야 하는지 등 고려해야 할 포인트가 많다. 이러한 선택에 따라 수백만 원에서 수천만 원까지 세금 절감 효과를 볼 수 있어서 법인전환에 있어서 전문가의 판단이 매우 중요하다.

나에게 세무 기장을 맡기고 있는 사업자 중 한 곳은 사업 시작 첫해부터 만나 지금까지 함께하고 있다. 이 회사는 비교적 짧은 업력(業力)이지만 벌써 100억에 가까운 매출을 하고 있다. 사업이 계속해서 성장해 나갈수록 아무래도 세금 부담이 급격하게 증가하게 되어 함께 고민 끝에 포괄양수도 방식의 법인전환 컨설팅을 진행하게 되었다. 법인전환 과정에서 영업권 평가를 통하여 단기간 현금 확보와 동시에 법인사업자의 경비 처리가 될 수 있도록 설계하였다. 그리고 법무사와 협업하여 법인 설립부터 법인전환 과정에서 발생할 수 있는 업무 공백 기간을 최소화하여 법인전환이 되도록 해드렸다. 덕분에 현재 법인사업자는 개인사업자 때와 대비해서 연간 세금이 약 8억 원 이상 절감되고 있고, 이를 바탕으로 지금도 사업을 더 크게 확장해나가고 있다.

창업컨설팅

(1) 창업 세액 감면제도 컨설팅

외부로부터 요청이 올 때면 세금에 대한 강의를 종종 나간다. 세무 강의에서 창업 감면제도에 대해서 강의하고 나면 꼭 이런 사장님이 찾아온다.

"회계사님, 말씀을 들어보니 제가 업종을 잘못 낸 것 같은데, 지금 업종을 변경해서 진행하면 창업 감면을 받을 수 있나요?"

창업 감면은 최초 창업에만 적용할 수 있는데, 이미 사업자를 내고 사업을 하는 경우라면 사업자에 업종을 추가해도 감면을 받을 수가 없다. 이 사장님께서는 임의로 판단하여 사업자를 내버려서 창업 감면을 받을 수 없었다. 이미 사업자를 내고 매출이 발생하면서 사업을 하고 있으면 엎질러진 물처럼 돌이킬 수도 없다. 내가 볼 때는 아주 간단한 실수라 사업자등록을 하기 전에 조금만 신중히 알아보거나 단 한 번만이라도 전문가에게 상담받고 진행했더라면 수백만 원에서 수천만 원 이상의 엄청나게 큰 세금을 아낄 수 있었을 텐데 하는 아쉬움이 든다.

사업자를 내는 일은 무척이나 간단하다. 세무서에 가지 않아도 개인사업자라면 홈텍스에 접속하여 사업자등록을 지금 바로 낼 수 있다. 매우 간단하지만, 사업자를 어떻게 내는지에 따라 세금 구조나 세금 감면 여부 등 모든 것들이 결정된다. 그러니만큼, 멀리 본다면 사업자를 내는 창업단계부터 전문가의 도움을 받는 것이 좋다. 개인사업자가 좋을지 법인사업자가 좋을지, 업종은 어떤 것으로 선택해야 하는지, 사업자등록증상 주소지는 어디로 해야 하는 지, 만약 기존 사업을 양수도 한다면 어떻게 하는 게 좋은지 등을 도와주는 일련의 과정을 창업컨설팅이라 한다.

얼마 전 나를 찾아온 사업자 중 한 분도 창업컨설팅을 통해서 세금 혜택을 크게 보았다. 이 사장님은 창업 감면 요건 기준인 만 34세가 얼마 남지 않았다는 사실을 몰랐는데, 이를 발견하고 빠르게 사업자를 내드려 창업 감면을 받을 수 있었다.

리스크 관리 측면에서도 창업컨설팅은 매우 중요하다. 최근에 나에게 상담을 받은 한 사업자는 서울에 거주하지만, 창업 감면을 받기 위해서 용인에 사업자를 내려고 하였다. 하지만, 실제 근무하지 않고 감면 목적으로 비상주 사무실에 사업자를 내는 것에 대해서 대대적인 세무조사가 있었다는 사실을 알고 이에 관해서 설명해 드렸고, 사전적인 세무조사 리스크를 예방한 적도 있다.

(2) 사업양수도 컨설팅

또 다른 사례로, 사업 양수도로 사업을 시작한 업체에 창업컨설팅을 해드린 적도 있다. 사업양수도의 경우 내가 그 사업을 처음 하더라도 세법상 창업으로 보지 않아 창업 감면이 적용되지 않기 때문에 비용관리가 매우 중요하다. 실제로 몇 년 전에 식품 유통사업을 양수하기 위해 나를 찾아온 사장님에게 계약서 검토와 영업권 계상으로 상당한 세금 절세를 도와드린 적이 있다. 특히나 사업 초기에 자금이 많이 들어가는 경우가 많은데, 이러한 사업양수도 컨설팅을 통하여 많은 세금을 아끼고 리스크를 최소화한 덕분에 사업은 계속해서 더 확장해나가고 있다.

(3) 사업자등록 컨설팅

개인사업자 등록을 할 때 부가가치세법상 일반과세자 또는
간이과세자 선택이 가능한데, 상황에 따라서 일반과세자가 유
리할 때도 있고, 간이과세자가 유리할 때도 있다. 이러한 부분
에 대한 창업컨설팅도 해드리고 있다. 대부분 사장님이 막연하
게 간이과세자가 유리하다고 생각하고 계시지만, 반은 맞고 반
은 틀린 이야기다. 세금만 놓고 보면, 간이과세자가 일반과세
자보다 훨씬 세 부담이 적기 때문에 간이과세자가 유리한 것은
맞다. 하지만, 일반과세자는 매입세액이 많은 경우 부가가치세
환급이 가능하지만, 간이과세자는 부가가치세를 환급받을 수
없다. 특히, 간이과세자인지 일반과세자인지 여부는 전년도 연
매출 1억 400만 원이 기준이 된다. 1억 400만 원을 초과하면,
간이과세자는 일반과세자로 전환이 되는데 1억 400만 원의 판
단은 연 매출로 환산된 금액이 기준이 된다. 예를 들어, 10월에
고깃집을 운영한 사업자고 10월과 11월, 그리고 12월 3개월 동
안 매월 매출이 2천만 원씩 해서 6천만 원을 올렸다고 가정해
보자. 이 경우 6천만 원 매출이라 1억 400만 원에 미달하므로
'간이과세자가 유지되겠지'라고 생각하겠지만, 3개월 평균 매
출이 2천만 원이고, 이를 연환산 하면 2억 4천만 원(6천만 원x12

개월/3개월)이 되어서 일반과세자로 전환되어 버린다. 이 사실을 모르고, 간이과세자로 사업자를 냈다면, 매입세액 환급은 환급대로 못 받고 일반과세자로 전환되어 버리는 어이없는 일이 생길 수 있다. 또, 상황에 따라서 간이과세자가 되지 못하는 경우도 있다. 이렇게 간이과세자가 유리한지 일반과세자가 유리한지에 대해서 창업 초기부터 컨설팅을 받으면 세금의 유불리가 확연하게 달라질 수 있게 된다.

상속/증여세 컨설팅

사업자가 아니더라도 누구나 만날 수 있는 세금은 바로 상속세와 증여세다. 누구나 궁금해하고 특히 자산이 많을수록 관심이 많은 세금 분야 중 하나다. 특히, 우리나라 상속세와 증여세의 세율은 최고 50%에 달하므로 준비되지 못한 사람과 준비된 사람의 차이는 엄청나다.

상속, 증여를 통하여 합법적인 범위에서 세금을 최소화하기 위해서는 상속이나 증여를 하기 이전에 반드시 컨설팅받아야 한다. 간혹, 이미 상속이 이루어진 상태에서 또는 이미 증여하고 난 이후에 나를 찾아오는 일도 있는데, 이 경우에는 절세를 할 수 있는 방법이 매우 제한적이다.

예를 들어, 이제 출생한 자녀가 있다고 가정해보자. 아동수당은 비과세가 되므로 부모가 직접 받지 않고 자녀 명의의 계좌를 개설하여 이를 바로 받는다면 증여세 부담 없이 증여할 수 있다. 또한, 미성년 자녀에게는 10년간 2천만 원, 성인이라면 5천만 원까지 10년 동안 증여를 할 수 있는데, 이러한 방법을 통한다면 합법적인 범위에서 세금 부담 없이 증여할 수 있다. 상속의 경우에도 고려해야 할 사항들이 많다. 대표적으로 토지, 건물을 상속받는 경우 이를 감정평가를 할지 개별공시지가, 기준시가로 평가하여 신고할지 판단해야 한다. 어떠한 방식으로 할지에 따라서 상속세 부담과 추후 양도소득세 부담이 달라지므로 상속받은 재산을 어떻게 관리할지에 따라서 판단이 달라질 수 있다.

실제로 고액의 자산가 중 한 분은 건물을 자녀에게 증여하고 싶었으나, 그동안 세금 부담이 너무 커서 못하고 있었다며 방법이 없는지 궁금해서 나를 찾아왔다. 내용을 충분히 듣고, 증여세 컨설팅을 통하여 부담부 증여[16] 제도를 활용하면서 세무 리스크와 함께 증여세를 크게 줄여 드렸다. 앞으로도 초고령화 시대에 접어들면서 상속, 증여세 이슈는 더 많아질 것으로 생각한다. 만약 상속, 증여 문제가 있다면 미리 전문가를 찾아가서 대비하는 것을 추천해 드린다.

직원채용 컨설팅

창업 후 사업의 규모가 커질수록 혼자서 모든 일을 처리하기 어려워지고 업무를 분담하여 함께 할 직원이 필요해진다. 직원을 채용할 때 여러 가지 고려해야 할 사항들이 많겠지만 세금과 받을 수 있는 혜택들도 함께 고려해야 할 필요가 있다. 당장은 채용으로 늘어나는 비용이 부담스럽지만, 사업은 속도가 매우 중요하므로 세금 혜택과 국고보조금 등을 잘 활용하면 비용부담은 줄이고 사업은 더 빠른 속도로 성장시킬 수 있다.

먼저, 직원을 채용하는 방식이 근로소득자(정직원)인지 아니면 외주형태인 사업소득자(프리랜서)인지에 따라서 여러 가지 차이가 있다.[17] 채용한 직원의 형태가 근로소득자라면 회사에서는 크게 3가지 지원을 받을 수 있다.[18]

첫째는 통합고용세액공제다. 직원이 청년인지 아닌지와 기업의 규모 등 요건에 따라서 3년간 최대 1,550만 원까지 세금에서 공제받을 수 있다.

두 번째로는 고용촉진장려금과 청년 일자리 도약장려금이라는 지원제도도 있다. 고용촉진장려금은 고용노동부장관이 지정하는 취업지원프로그램을 이수하고 고용센터(고용24) 등에 구직등록한 실업자를 고용한 사업주에게 지급하는 지원금으로 1

년간 최대 720만 원의 지원금을 받을 수 있는 제도다. 청년 일자리 도약장려금은 요건을 갖춘 기업이 취업에 어려움을 겪고 있는 청년을 고용하면, 1년간 최대 720만 원을 지원받을 수 있다. 요건에 충족한다면, 1년에 720만 원을 현금으로 지원받기 때문에 실질적인 인건비 부담이 대폭 줄어들게 된다.

세 번째는 사업의 초기에 사업장의 근로자가 10인 미만이라면 두루누리 사회보험료 지원금 제도가 있다. 요건에 충족하는 근로자라면 국민연금과 고용보험료를 80% 지원받을 수 있다. 소급해서 지원되지는 않으므로 제때 잘 신청하여야 한다. 사업주와 근로자 모두 80%를 지원하며 근로자인 직원이 가족에 해당하더라도 적용할 수 있으므로 꼭 챙겨봐야 한다.

직원을 채용하기 전에 이러한 것들에 대해서 전문가의 컨설팅을 받는 게 좋다. 실제로 내 거래처 중에서 앞서 설명한 3가지 제도에 모두 해당이 되는 직원이 있어서 연간 약 2,400만 원의 혜택을 보고 있는 곳도 있다. 이러한 내용을 미리 알고 직원을 채용할 때 같은 조건이면 조금이라도 더 혜택을 볼 수 있는 직원을 채용하여 사업 초기 기업의 부담을 많이 줄일 수 있다. 직원을 채용하는 것도 전문가의 전략적 판단이 필요하다.

재무제표에 대한 컨설팅

기업의 재무제표는 회사의 재무상태와 경영의 성과를 회계 정보의 이용자에게 보여주는 가장 중요한 보고서다. 하지만 기업 규모가 외부 회계감사를 받아야 하는 정도가 되지 않는 사업자는 재무제표에 대한 중요성을 모르는 경우가 많다. 하지만 앞으로 회사를 키우고 싶다는 목표가 있다면 회계는 사업에 있어 매우 중요한 부분이다.

금융기관이나 외부 투자자로부터 자금을 유치하기 위해서 재무제표를 제출하게 되고 재무제표를 바탕으로 신용등급과 대출 한도 및 금리를 결정하게 된다. 또한 입찰이나 새로운 사업을 하기 위한 면허가 필요한 경우 국가기관에 재무제표를 제출하기도 하고, 큰 기업에서는 사내 협력업체로 등록하기 위해 재무제표의 제출을 요구하기도 한다.

(1) 가지급금 관리

재무제표의 부속되는 서류인 재무상태표는 결산하는 시점의 재무 상황을 나타내기 때문에 사전에 관리를 해나가는 것이 굉장히 중요하다. 예를 들어, 금융기관으로부터 자금을 유치 받을 때 재무제표에서 중요한 것 중 하나가 '가지급금'이라는 것이 있다. 가지급금이란 회사의 대표가 회사의 돈을 임의로 빌려 가거나 회사의 지출이 불명확할 때 발생한다. 가지급금이 재무제표에 큰 부분을 차지하고 남아있다면, 금융기관에서는 대출을 꺼린다. 왜냐하면, 법인의 대표가 회계에 대한 지식이 부족하여 개인사업자처럼 자금을 마음대로 쓴다는 인상을 주고, 또 자금을 빌려주면 전부 본인의 가지급금 상환에 사용할 것으로 보기 때문이다.

따라서, 가지급금 관리는 매우 중요한데, 실제로 우리에게 수임된 수임사업자 중 가지급금이 있는 곳은 매년 12월이 되기 전 가지급금의 잔액을 확인시켜주고 미리 상환하도록 안내하고 있다.

(2) 업종별 자본금 관리

건설업의 경우에는 업종에 따라서 업종별 자본금 요건이 있다. 재무제표에서 자본금이 업종별 금액에 미달하는 경우 실제로 건설면허가 박탈될 수 있다. 따라서, 건설업의 재무제표의 관리는 매우 중요한 부분이다. 건설업의 경우 면허가 박탈되면 사실상 사업을 더 이상 영위할 수 없는 치명적인 리스크이다. 따라서 이러한 건설업들도 매년 결산하기 전 미리 가결산을 통하여 실질자본금이 미달하는 업체가 있다면 사전에 안내하고 있다.

(3) 재무비율 관리

외부로부터 투자유치를 하려고 하는 기업의 경우에는 재무제표에서 확인 가능한 각종 비율들을 잘 관리하는 것이 중요하다. 특히, 회사의 성장성에 대한 부분이나 재무안정성 지표들을 잘 관리한다면 외부로부터 투자받는 데 더 유리해진다. 유동자산을 유동부채로 나눈 유동비율이나 부채를 자본으로 나눈 부채비율을 잘 관리해서 재무건전성을 확보하고, 영업이익률과 같은 수익성 지표나 매출액 증가율과 같은 성장성 지표에 대해서 투자를 진행하고 있는 회사와 논의하고 개선할 부분에 대해서 조언을 드리고 있다. 실제로 이러한 지표에 대한 관리는 투자받기 위한 목적에서도 중요하지만, 회사를 실제로 운영하고 성장시켜 나가는 데에도 매우 중요하다.

AI를 뛰어넘는 전문가,
세무 전략을 설계하는 회계사

절세도 비즈니스 경쟁력이다

절세는 단순하게 '세금을 줄인다'는 의미가 아니라 현금 창출 능력에 대한 전략적인 의사결정을 가능케 해주는 것으로, 돈을 버는 것만큼이나 중요하다. 세금을 획기적으로 줄일 수 있다면, 절세를 통해 확보한 자금을 다시 사업의 재투자로 이어져 경쟁력을 갖추는 데 도움이 되기 때문이다.

사업 초기 자금은 넉넉하지 못한데 절세 전략을 제대로 세우지 못해서 예상치 못한 세금 부담으로 인하여 경영에 어려움을 겪는 사업자분들을 매년 너무나 많이 보고 있다. 개인사업자는 1년간 벌어들인 소득에 대한 세금을 다음 해 5월에 신고 납부를 하게 되기 때문에 시차가 존재한다. 세금에 대한 것을 미리 준비하고 대비해야 한다. 그렇지 못하다면 큰 부담이 될 수밖에 없다. 실제로 세금 문제로 결국 사업을 폐업에 이르기까지 하기도 하는가 하면 절세를 통해 확보한 그 재원을 활용해서 사업에 재투자하고 크게 성장하고 있는 사업자도 있다.

세금에 대한 전략을 세우고 대비를 할 때 AI만 활용하면 충분할까? 이미 회계, 세무 업계에도 AI를 활용하여 경정청구를 검토하는 등 실무에서 AI가 많이 활용되고 있다. 하지만, 전문가의 판단과 결정이 꼭 필요하다. AI는 내가 원하는 데이터를 분석하여 최적의 의사결정을 할 수 있도록 도와주는 도구이고, 결국 해당 세법 적용에 관한 판단은 전문가가 직접 해야 하기 때문이다. 특히 창업 감면제도나 고용증대세액공제와 같은 감면제도는 인간의 판단이나 해석이 필요한 부분이 있고, 이에 대한 전문가의 검토와 판단은 매우 중요할 수밖에 없다.

창업감면제도의 활용

요즘 사장님들과 대화해보면 사장님들도 세금에 대해서 상당히 잘 알고 계신다. 워낙 절세에 대한 정보가 온라인을 통해서 쉽게 접하고 얻을 수 있기 때문인데, 특히 창업감면제도에 대한 관심이 많다.

창업감면이란 「조세특례제한법」 제6조 '창업중소기업 등에 대한 세액감면'의 줄인말로, 절세와 관련하여 대표적인 감면제도 중 하나다. 이 제도의 취지는 국가 경제 활성화를 위하여 창업을 장려하고 사업 초기에 창업중소기업의 조세 부담을 완화하기 위한 것으로, 요건을 충족한 사업자라면 5년간 50%에서 최대 100% 감면을 받을 수 있다. 예를 들어, 창업감면에 해당하는 개인사업자가 종합소득세가 5천만 원이 발생하였을 때 100% 감면 대상자라면 납부할 세금이 아예 없게 된다. 개인사업자의 종합소득세율이 최고 45%인 걸 고려해 보았을 때 매출이 커지면 벌어들인 소득에서 50%에 가까운 세금을 내야 하는데, 세금 감면율을 고려해 본다면 얼마나 파워풀한 제도인지를 알 수 있다.

나에게 세무 기장을 맡기고 계신 사업자 중 한 분도 창업감면제도를 활용하여 크게 혜택을 보고 계신다. 물건을 직접 중국 공장으로부터 OEM 방식으로 생산하여, 국내에서 판매하고 계신 사업자로 연 매출 30억가량을 올리고 계신다. 원래 종합소득세 신고 시 납부해야 할 세금은 1억을 좀 넘는 금액이었는데, 이 사업자의 경우 청년창업감면에 해당하여 100% 세금을 면제할 수 있었다. 벌어들인 돈을 계속해서 재고를 매입하고 사업을 확장하고 있는 단계에 있어서 늘 자금이 부족하다고 하소연하시곤 했는데, 만약 청년창업감면제도를 활용하지 못하는 상황이었다면 자금이 막혀서 다른 방법을 찾지 않고는 사업확장을 더 하기가 어려운 상황이 되었을지 모른다.

창업 감면을 100% 적용받기 위해서는 ① 업종 요건, ② 지역 요건, ③ 세법상 창업요건, ④ 나이 요건 등 4가지 요건을 충족해야 한다. 다른 요건들은 세법 비전문가인 사장님들이 보아도 이해할 수 있지만, 세법상 창업요건은 스스로 판단하기 어렵다. 세법에서 말하는 창업과 우리가 일반적으로 말하는 창업이 다르기 때문이다. 예를 들어, 내가 음식점을 한 번도 안 해보았는데, 잘되고 있는 음식점을 양도양수를 통해서 인수했다고 하면 우리는 일반적으로 창업을 했다고 이야기하지만, 세법에서는 창업으로 보지 않는다. 그리고 예전에 온라인쇼핑몰을 하다가 폐업하고 한참 뒤에 다시 온라인쇼핑몰을 개설해서 사업을 한다고 하면, 창업인 것처럼 보이지만 세법에서는 이 또한 창업으로 보지 않는다. 기존 사업자에 새로운 업종을 추가하는 예도 세법상 창업으로 보지 않으므로 주의가 필요하다. 세법상 창업인지 여부는 사장님들마다 너무나 많은 사례가 존재하므로 정형화하기가 쉽지 않다. 따라서, AI가 판단하기에도 어렵고, 판단에 따른 책임도 AI는 질 수 없으므로 이 부분은 AI가 완벽하게 대체하기란 쉽지 않아 보인다.

통합고용세액공제의 활용

창업 감면 다음으로 사업자가 절세하기 위해서 챙겨봐야 할 세액감면,세액공제 제도 중 하나를 꼽으라면 통합고용세액공제가 있다. 통합고용세액공제는 고용을 증대시킨 기업에 대해서 세금을 깎아주는 제도를 말한다. 원래는 고용증대세액공제라는 이름으로 사용되어 오다가 2023년도 귀속부터 통합고용세액공제로 이름이 바뀌었다. 비수도권 지역에서 청년 1명을 고용한다면 3년간 고용 1명당 최대 1,550만 원까지 세액공제를 받을 수 있다. 사업 초기 직원을 늘리고 사업을 확장해 나가면서 성장하는 회사에는 이 세액공제가 큰 도움이 된다.

업종요건 등이 있는 창업감면과는 다르게, 통합고용세액공제는 고용만 증가하면 세금을 깎아준다. 작년에 개업하신 변호사님 한 분이 나에게 세무 기장을 맡기고 있는데, 이분도 이 제도의 혜택을 톡톡히 보고 계신다.[19] 이 변호사님은 개업 초기부터 많은 업무 의뢰가 들어오며 매출이 급격하게 늘어나 첫해부터 성실신고확인대상 사업자가 되어 종합소득세 부담이 심하게 증가할 상황이었다. 특히, 초기 사무실 보증금과 인테리어 등에 돈을 많이 사용해서 종합소득세 납부에 대한 대비를 제대로 하지 못하여 걱정이 많으셨다. 다행히 사무실이 커지는 만큼 직원도 더 많이 채용을 하였고, 이에 통합고용세액공제를 활용하여 종합소득세 부담을 급격하게 낮추어 드릴 수 있었다.

통합고용세액공제를 받을 때 가장 중요한 점은 상시근로자 수가 줄어들면 안 된다는 것이고, 이에 대한 사후관리가 가장 중요하다. 요즘은 좀 덜하지만, 작년까지만 해도 전국적으로 전화나 방문 영업을 돌면서 고용증대세액공제에 대해서 적용받지 않은 회사를 찾아가서 영업하는 사람들이 있었다. 이렇게 해서 세금을 돌려받아주는 것까지는 좋았다. 하지만 3년간 고용을 유지하는지 중간중간 사후관리를 해주어야 하는데, 사후관리 없이 돌려받은 세금에 대해서 본인 수수료만 챙기고 가버리다 보니 중간에 상시근로자수가 감소하면 고용증대세액공제를 통해 받은 돈을 다시 토해내야 하는 문제가 생기게 된다. 실제로 상시근로자 수에 대해 관리하지 않고 사업을 하다가 갑자기 세금 신고 기간에 몇천만 원에 대한 세금을 토해내야 하는 일이 생겨서 회사가 어려워진 경우를 종종 보게 된다. AI를 통해서 고용증대세액공제 금액을 계산하는 것은 가능할지 모르겠지만, 사후관리나 지속적으로 문제가 생기지 않게 추적하고 모니터링하는 것은 전문가가 관심을 가지고 파악을 해나가야만 이러한 문제를 예방할 수 있을 것으로 보인다.

세금을 돌려받다, 경정청구를 활용하자

사업을 하다 보면 감면이나 세액공제를 적용받을 수 있었다는 것을 뒤늦게 알게 되는 일도 생긴다. 만약 이런 경우라면 그동안 감면 공제를 받지 못해 더 낸 세금은 돌려받을 수 있을까? 물론 가능하다. 5년 이내에 잘못 낸 세금을 돌려달라고 청구하는 제도가 있는데, 이를 경정청구라고 한다.

작년에도 있었고, 글을 쓰고 있는 올해에도 경정청구 건을 진행하고 있다. 보통 신규로 사업자를 수임하게 되면 가장 먼저 과거 5년간의 세금 신고내용을 확인하여 납부세액의 적정성을 검토하고, 돌려받을 수 있는 세금이 있다면 경정청구를 하게 되는 것이다.

최근에 해외구매대행업을 하시는 사업자의 경정청구를 해드렸다. 해당 사업자분께서는 청년 창업 감면을 적용받을 수 있는 요건이 되는데도 불구하고 그동안 본인이 종합소득세 신고를 직접 하여 감면 적용 없이 세금을 납부하고 계셨다. 이를 확인하고 경정청구를 통하여 납부된 세금 전액을 환급받게 해드렸다. 국세청에서는 납세자가 세금을 적게 납부하는 경우 이를 확인하여 추징하기도 하지만 감면공제의 적용은 결국 전문가의 판단이 필요한 일이므로 이를 적용하지 못해 설령 세금을 더 많이 납부하게 되더라도 먼저 찾아서 환급해주지는 않는다. 세금 신고를 제때 하는 것도 중요하지만 내가 적용받을 수 있는 절세 제도는 잘 받고 있는지 스스로 한 번쯤은 관심을 가지고 확인을 하는 것도 필요하다.

AI를 뛰어넘는 전문가, 문제를 해결하고 예방하는 비즈니스 전략가

　최근 들어 AI를 업무처리에 많이 활용하고는 있지만, 실무에서는 아직까지 AI가 할 수 없는 일들이 많다. 예를 들어, 세무조사 대응도 AI가 할 수 없는 일 중 하나다. 세무조사는 세무를 담당하는 공무원이 국세에 관련한 조사를 위하여 회사의 장부 및 서류를 면밀하게 조사하는 것을 말한다. 고의로 세금을 탈루해서 세무조사 대상이 되기도 하고, 정기적인 세무조사 대상으로 선정이 되어 세무조사를 받기도 한다. 세무조사 대상으로 선정되면 회계사나 세무사와 같은 전문가에게 대응을 위임하여 세무조사 대응하도록 한다. 세무조사 대응을 하게 되면 조사 기간에 조사를 담당하는 조사관(세무공무원)과 계속해서 소통해야 하고 때로는 직접 세무서를 찾아가 대면을 통해 자료에 대한 보충 설명을 해드리는 일이 자주 생긴다. 이러한 일들은 AI가 대신하기 어렵다. 직접 대면도 어렵지만, 세무조사 대응 이후의 결과에 대한 책임을 AI는 질 수 없기 때문이다.

세무조사 대응 이외에도 계약과 관련된 사항을 검토하여 세무와 관련된 자문을 드리거나 회사 경비를 미리 체크하여 세금 대비 전략을 세우는 일은 아직은 AI보다 전문가가 더 잘하는 분야 중 하나다.

앞으로는 AI가 해결할 수 없는 문제를 해결하고 발생할 문제를 미리 예방할 수 있는 전문가가 함께하는 사업자로부터 더 크게 평가받게 될 것으로 보인다. 전문가들도 단순한 업무에서 벗어나 더욱 전문성에 집중하고 오직 전문가 많이 할 수 있는 업무들이 이제 시장에서는 요구되고 있다. 세무서로부터 대응, 검토와 자문 그리고 리스크를 예방하는 것까지 결국은 AI가 해결할 수 없는 문제를 해결할 수 있는 전문가가 되어야 한다.

세무조사 대응

사업을 어느 정도 규모를 가지고 오래 하시던 분들은 대부분 한 번 이상은 경험하는 것 중 하나가 세무조사다. 세무조사는 정기세무조사와 비정기세무조사로 구분되는데, 정기세무조사는 세금 탈루에 명백한 혐의가 없더라도 정기적으로 신고내역의 적정성을 검증하여 성실신고를 유도하기 위해서 하는 조사를 말하고, 비정기 세무조사는 세금 탈루의 혐의가 명백하거나 탈세 제보가 있는 경우 이루어지는 조사를 말한다. 정기 세무조사의 선정은 최근 4 과세기간 이상 같은 세목의 세무조사를 받지 아니한 납세자에 대하여 업종, 규모, 경제력 등을 고려하여 선정한다. 비정기 세무조사의 선정은 무자료거래, 위장 가공거래 등 거래내용이 사실과 다른 혐의가 있는 경우나 납세자에 대한 구체적인 탈세 제보가 있는 경우, 납세자가 세법에서 정하는 신고, 성실신고 확인서 제출 등 납세 협력 의무를 이행하지 않는 등의 이유가 있다. 정기든 비정기든 세무조사를 받은 다음 추징세액이 발생하게 되면 정신적으로도 물질적으로도 엄청난 스트레스를 받는다.

최근에도 상속세 신고와 관련하여 세무조사 대응을 한 적이 있다. 일반적으로 배우자와 자녀가 있는 경우 상속공제를 적용하여 상속재산이 10억을 넘지 않으면 상속세는 납부할 금액이 없다. 하지만, 상속세의 경우 피상속인(돌아가신 분)의 사망선고일 현재 확인된 자산뿐만 아니라 상속일로부터 과거 10년간의 자금흐름을 파악하여 증여로 볼만한 사전증여재산이나 상속재산으로 추정할만한 추정상속재산도 상속재산에 포함된다. 이

번의 세무조사 대응을 맡은 의뢰인은 이미 상속세 신고 시 상당히 많은 상속세 부담을 하고 있어서, 상속세 세무조사를 통해서 추가적인 세금이 많이 나온다면 부담이 무척 클 수 있었다. 다행히 최대한 적극적으로 소명하여 결과적으로 추가적인 세금을 최소한으로 줄일 수 있었는데, 세무조사와 같이 사람이 직접 나서야 하는 업무는 전문가의 역할이 무척 중요하다.

계약 검토 및 자문

계약서에 관한 내용을 검토하는 일은 변호사가 주로 하는 일이지만, 부동산의 매매에 따른 양도계약서나 주식투자와 같은 투자계약서 등과 같이 숫자와 관련된 계약 내용에 대한 검토요청은 자주 받는다. 고객들이 원하는 것은 계약 문구에 관한 내용보다는 이렇게 계약서를 썼을 때 세금은 어떻게 되는지, 세무적인 리스크는 없는지 확인해 달라고 하는 경우가 많다.

전문가에게는 너무 당연하지만, 중요 포인트를 모르는 사람이 볼 때는 놓치는 것들이 있을 수 있다. 그리고 그러한 사소한 차이가 나중에 큰 영향을 끼치게 된다. 예를 들어, 계약서의 금액이 공급대가인지 공급가액인지 용어 차이에 따라 전체 계약금액의 10%가 차이가 날 수 있다. 공급대가는 부가가치세를 포함한 금액이고 공급가액은 부가가치세를 제외한 금액을 말하기 때문에 어떤 용어를 쓰는지에 따라 금액이 차이가 크게 날 수 있다. 또 사업을 양도양수할 때 포괄양수도 계약서를 체결하는지에 따라 부가가치세를 부담해야 할 수도 있고 아닐 수도 있게 된다. 부동산 매매 시 계약서상 잔금일에 따라 단 하루 차이로도 취득세와 양도소득세 같은 세금이 없거나 중과세가 되는 차이가 생기는 경우도 있을 수 있다.

중요한 결정을 할 때는 한번 도장을 찍고 계약한 것을 다시 되돌리는 것이 사실상 불가능하므로 사전에 전문가에게 검토받는 것이 중요한 이유다.

문제가 생기기 전에 예방하자

모든 문제는 발생하지 않도록 예방하는 것이 더 중요하다. 이미 문제가 발생했다면 어떻게든 해결이야 되겠지만 시간과 돈이 들기 마련이다. 회계사무소를 개업한 이후 매년 하는 업무 중 하나는 거래처의 분기별 손익관리다. 분기별 손익관리란 분기별로 수임사업자의 매출과 매입데이터를 확인하고 비교 분석하는 것을 말한다. 예를 들어, 업종평균과 대비하여 소득률이 저조하다면 과대 계상된 경비들이 없는지 확인하고, 반대로 업종 평균보다 소득률이 높다면 추가적인 경비가 빠진 것들이 없는지 확인하는 식이다. 이러한 경비체크 절차를 통해서 세무 리스크를 최소화하고 미리 예방할 수 있도록 하고 있다.

매년 5월이면 세금에 큰 문제가 있어 찾아오는 사업자가 꼭 있다. 세금이 생각지도 못하게 많이 나오는 거 같다고 찾아오는 사업자의 경우 미리 준비가 안 된 사업자가 많다. 개인사업자의 종합소득세는 1년간의 벌어들인 소득을 다음 연도 5월에 신고 납부하게 되는데, 작년 하반기까지 경비체크를 통해서 예방적인 조처를 하지 않았다면 5월에 갑작스럽게 세금을 줄이는 방법은 탈세 말고는 없다. 세금에 문제가 생기면 세무전문가를 찾을 수밖에 없지만, 세금에 문제가 생기기 전 나의 세무리스크로부터 안전하게 지켜줄 수 있는 세무전문가를 만나야 한다.

AI를 뛰어넘는 전문가,
함께 성장하는 사업 파트너

얼마 전 아이가 아파서 동네의 한 어린이 병원에 간 적이 있다. 해당 어린이 병원에는 원장님이 네 분이 계셨는데 오직 한 원장님만 진료를 보기 위한 줄이 계속해서 이어졌다. 심지어 다른 원장님께 바로 진료를 볼 수 있는데도 불구하고 줄을 서서 기다리는 것이었는데, 궁금해서 알아보니 이 원장님은 이 지역에서 소아과 진료를 가장 잘 보는 것으로 유명한 원장님이었다.

요즘은 어떤 분야에서나 마찬가지지만 중간이 없이 서비스부터 가격까지 모두 양극화가 진행되고 있는 것 같다. 전문직 분야도 마찬가지다. 고객은 더 많은 대가를 지급하더라도 정말 잘하는 이른바 최상급(Top tier) 전문가를 원하거나, 아니면 아예 서비스 비용이 저렴한 곳을 찾고 있다. 나도 이러한 시대 흐름에 발맞추어 더욱더 전문성을 갖춘 전문가가 되기 위해서 노력하고 있다. 그러한 노력의 일환으로 해외구매대행업의 세금과 관련된 전문지식을 담은 저서 『세금 모르면 해외구매대행업 절대로 하지마라』도 저술했다. 실제로 이러한 전문성을 알아봐 주시고 해외구매대행업을 하시는 사업자분들이 전국에서 연락을 주시고 계신다.

사업의 구조를 이해하고 있는 전문가

지역과 상관없이 해외구매대행업 사업자분들이 계속해서 나를 찾아오는 이유는 무엇일까? 나는 단순하게 책을 쓰고, 강의하고 있어서라기보다는 사업의 구조를 이해하고 있기 때문이라 생각한다. 해외구매대행업이 어떤 방식으로 이루어지는지 시작부터 마무리되기까지의 전반적인 거래의 흐름과 일반적인 마진 구조에 대해서 잘 이해하고 있고, 해외구매대행업에서만 사용하는 '배대지'와 같은 용어나 해외구매대행업자들이 이용하는 여러 가지 플랫폼에서 사용하는 단어에 대해서 잘 알고 있기 때문에, 나에게 해외구매대행업과 관련해 대화할 때는 일일이 어떤 것인지 설명하지 않아도 소통할 수 있다.

사업구조를 이해하는 것은 소통 측면에서도 중요하지만, 실제로 세금과 직접적으로 연관이 되어 있다. 해외직구대행업의 경우 일반적인 세금 신고 방법과는 달리 총 판매가에서 해외매입원가 및 배송대행비용과 관부가세 대납액 등을 차감한 실제 수익인 수수료 수익만큼이 수익이 된다. 즉, 순 매출을 계산하여 세금 신고를 해야 하지만 아직도 많은 사업자분께서 국세청이 주는 자료 그대로 신고하게 되어 실제로 벌어들인 수익보다 더 많은 세금을 납부하게 되거나, 간이과세자가 유지되어야 하지만 일반과세자로 전환되는 등 여러 가지 세무상 불이익을 받는 경우가 많다.

얼마 전에는 건강기능식품 업계에서는 누구나 이름만 들어도 알 수 있는 큰 기업에서 자문 요청이 왔었다. 해당 기업에서는 국내 판매 매출만 있었는데, 해외직구까지 사업 확장을 검토하고 있어서 이에 대한 사업구조를 어떻게 설계할지 조언이 필요하였다. 보통은 이렇게 큰 기업에서는 회계 부서가 따로 있고 담당하는 회계사가 있어서 내부적으로 처리를 하지만, 아무래도 해외구매대행업이 생소한 업종이다 보니 이 분야에서 잘 아는 외부전문가를 찾고 있었던 것이었다. 본사에서 미팅을 통해 회사에서 생각하는 비즈니스 구조에 대한 설명을 들어보니 몇 가지 큰 이슈 사항들이 있었는데, 이때 발생할 수 있는 회계 처리와 세무 이슈를 종합적으로 컨설팅해드렸고 궁금한 사항들에 대해 전반적인 안내를 해드릴 수 있었다. 전문가라고 해서 모든 분야를 완벽하게 이해하기란 어렵다. 병원도 내과, 치과, 안과, 신경과, 성형외과, 피부과 등 여러 가지로 나누어져 있듯이 회계사의 일도 마찬가지다. 업종 대부분에 대한 일반적인 세금 신고는 잘 알고 있지만, 해외구매대행업처럼 특수한 업종에 대한 세금 신고는 이 분야에 대해서 잘 아는 전문가만이 제대로 된 세금 신고가 가능하다.

얼마 전에는 유튜버를 대상으로 세금 신고 강의를 다녀왔다. 유튜버의 경우에는 애드센스라는 광고수익을 외화로 수령하기 때문에 영세율을 적용받는다. 또한, 직접광고 수익이나 협찬수익, 슈퍼챗도 있고, 콘텐츠 제작수익 등 다양한 수익원을 창출할 수 있다. 각 수익원별로 세금 신고의 이슈를 잘 확인하여 신고하는게 중요한데, 특히, 사업자등록 시 업종에 따라 미디어콘텐츠창작업(921505)인지 1인 미디어콘텐츠창작자(940306)인지에 따라서 부가가치세법상 과세인지 면세인지와 창업감면에 대한 이슈 사항도 있으므로 주의가 필요하다. 이러한 부분에 대해서도 유튜버의 사업구조를 잘 알고 있는 회계사에게 맡기는 것이 필요하다.

최근에는 개업의를 대상으로 병의원의 세무와 회계에 대한 전문성을 높이고 있다. 병원 역시도 일반적인 회계와는 다르게,

세금의 공제나 부가가치세 이슈가 있다. 처음부터 모든 업종에 대해서 잘 아는 것은 아니다. 하지만, 새로운 업종과 관련하여 계속해서 공부하고 이해하기 위해 현장을 방문하는 식으로 노력한다. 사업구조를 이해해야만 더 정확하고 세밀한 세금 처리와 사장님과 원활한 대화가 가능하다고 생각한다.

사업자와 함께 성장할 수 있는 전문가

AI의 발달로 사업의 환경은 급격하게 변화하고 있고, 세법은 매년 개정된다. 자연스럽게 공부하지 않으면 새로운 비즈니스 환경과 세무 이슈에 대해서 대응이 어렵다. 특히, 세액감면이나 세액공제와 같은 제도는 계산의 방법부터 사후관리까지 하나부터 열까지 신경 쓰고 챙겨야만 하는 구조로 되어 있어서 더욱더 면밀한 검토가 필요한 부분이다. 나 역시도 나에게 회계를 맡겨주시는 사장님들에게 하나라도 더 많은 혜택을 챙겨드리고, 세무 리스크를 최소화하기 위해서 끊임없이 공부하고 있다.

진짜 전문가는 끊임없는 공부와 연구가 바탕이 되어야 한다고 생각한다. 거기에 실무적인 경험이 합쳐지면 더없는 시너지를 낼 수 있다. 같은 전문가라도 계속해서 공부하는 전문가와 그렇지 못하는 전문가는 차이가 클 수밖에 없다.

특히, 최근에는 사업자분들께서 워낙 많은 정보를 접하다 보니 먼저 알고는 세액감면이나 세액공제 적용을 요구하는 사례도 있다. 제대로 알지 못하면 사장님들에게 설명조차 정확히 할 수 없다. 신규 수임하는 사업자의 경우에는 그전에 맡기시던 회계사무소에서 세액감면이나 공제받지 못한 부분이 없는지를 꼼꼼하게 검토해드리고, 있는 경우 경정청구를 통해 환급받아 드리고 있다.

AI 시대에 정보는 어디든 널려있고, AI를 통하면 손쉽게 정보의 취합도 가능하다. 하지만, 그러한 정보의 바다에서 정말로 제대로 된 정보를 취합해서 통찰력을 가진 전문가가 되려면 계속해서 공부하고 연구해야만 한다. 그리고 이렇게 계속해서 공부하는 전문가만이 사업자와 함께 성장해 나갈 수 있다.

소통이 잘되는 전문가

전문가가 가져야 할 가장 중요한 자질 중 하나를 꼽으라면, 소통능력을 들 수 있다. 누구나 세금이나 회계는 어렵게 느껴지겠지만, 소통이 잘되는 전문가를 만난다면 어려운 문제도 쉽게 해결할 수 있다. 최근 수임한 사업자와 통합고용세액공제와 관련하여 대화를 나누게 되었는데, 사업자분께서는 "이전에 맡기던 세무사님도 설명은 해주셨는데 무슨 말인지 솔직히 하나도 모르겠더라."라고 말씀을 해주셨다. 대부분 그렇지만 세무나 회계에 대한 지식이 많지 않은 사업자분들의 경우 특히나 생소한 세법이나 회계학적인 용어에 대해서 어렵게 느껴지는 것이 당연하다. 이러한 어려운 용어를 상대방의 눈높이에 맞게 풀어서 이해시키는 노력이 필요한데, 생각보다 이런 부분이 약한 전문가가 많다.

소통은 단순히 대화하는 것을 말하는 것이 아니다. 서로 이해하고 공감하는 능력이 있어야 한다. 상대방의 상황이나 업력, 나이 등 종합적인 것들을 고려해서 대화해 나가야 한다. 또한, 소통이 필요할 때 소통할 수 있어야 한다. 다른 회계사무소에서 세무 기장을 하다가 나에게 오신 사장님들 중에서 "전에 있던 회계사무실에서는 세무사님이나 회계사님과 전화 통화가 어려웠다"라는 말씀을 종종 하신다. 사장님이 궁금한 게 생겼을 때 소통이 즉각적으로 되지 않으면 아무래도 좋은 서비스를 받기는 쉽지 않다.

세금만이 아니라 사업을 함께 공유할 수 있는 전문가

회계사에게 세금과 관련된 문제 해결을 논의하는 것은 당연하지만, 더 나아가서 내가 지금 하고자 하는 사업의 방향이나 의사결정에 대해서도 논의할 수 있다면 엄청나게 도움이 된다. 이미 수백 명 이상의 사장님들과 함께하고 있는 데다가, 회계감사나 여타 다른 경험을 바탕으로 의사결정에 도움을 줄 수 있는 조언을 드릴 수 있기 때문이다. 실제로 나에게 세무 기장을 맡기고 계신 사업자 중에서 사업과 관련하여 나와 논의하고 도움을 드린 사례는 많이 있다. 업종을 변경한다든지, 개인사업자에서 법인사업자로 전환을 고민한다든지, 자금을 유치하려고 한다든지 등 회사 대표로서 다양한 의사결정을 하는 데에도 회계사의 적절한 조언을 받으면 리스크를 보다 최소화하면서 효과를 극대화할 수 있다.

사장님들의 고민을 들어보고 내가 아니라 법률적인 측면에서 더 깊은 도움이 필요하면 변호사를 소개해드리기도 하고, 노무적인 부분에서 도움이 필요하면 노무사님을 연결해드리고 있다. 중요한 사실은 어떻게든 사장님이 고민하는 문제에 대해서 같이 해결해드리려고 노력하고 있다는 점이다. 혼자서 끙끙

대면서 고민하고 계시다가도 나에게 전화를 주셔서 바로 해결이 되었다고 하시는 사장님들을 보면 뿌듯할 때가 많다.

　규모가 크든 작든, 사업을 함에 있어서 도움을 받을 수 있는 파트너가 있다는 것은 매우 중요하다. 특히 사업이란 다양한 의사결정을 계속해야 해서 그 과정에서 함께 고민을 나눌 수 있는 전문가가 옆에 있다면 많은 도움이 된다. 똑똑한 사업가라면 지금 옆에 있는 전문가가 나의 사업을 함께 공유할 수 있는지 생각해봐야 한다.

3.

회사의 판을 바꿔라
: 구조 설계 전략

구조변경 전략 : 법인으로
전환해야 하는 결정적인 순간

Scale-up Signal, 지금이 법인전환의 타이밍
: 도대체 언제 법인사업자로 전환을 해야 좋을까?

지금도 나에게 세무 기장을 맡기고 있는 거래처 중에서 연 매출이 약 30억 정도 되고, 직원도 채용해서 쓰고 있는 회사가 있다. 이 회사는 대기업과 거래도 하고, 다양한 거래처를 확보 하여 안정적으로 개인사업을 운영하고 있다. 이 회사의 사장님 은 매년 종합소득세 신고를 하고 나면, 세금이 정말 많이 나와 서 힘들다면서 우리 회사도 법인전환을 해야 하는 게 아니냐는 질문을 종종 나에게 주시는데, 이 사장님에게는 법인전환을 하 지 말라고 말씀드린다. 왜냐하면, 이 회사의 방향이나 구조가 법인에 맞지 않기 때문이다. 실제로 매출이 어느 정도 이상 나오는 개인사업자분들을 만나보면, 세금이 많이 나오므로 법인전환을 하고 싶다는 분들이 많다.[20] 하지만, 법인전환의 여부를 무조건 세금적인 관점에서만 접근해서는 안 된다. 오히려 세금적인 측면에서만 접근했다가는 나중에 대표이사 가지급금 문제[21] 등으로 인해서 세금보다 더 큰 문제를 만날 수도 있다. 법인으로 전환하는 것은 단순히 세금만 줄이기 위한 선택이 아니라, 회사를 키우기 위한 구조 설계의 시작이다. 법인으로 전환하게 되면 조직구조, 외부투자, 인재 확보 등 회사 성장을 위한 다양한 것들을 할 수 있게 된다.

그렇다면 법인전환의 최적 타이밍은 언제인가? 회사를 한 단계 더 성장시키는 타이밍에 진행해야 하는데, 보다 구체적으로 말하자면 다음과 같다.

법인전환을 고려해 보아야 하는 타이밍

- **인적자원의 확보** : 더 좋은 인재를 유치하고 싶은 경우.
- **재무자원의 확보** : 외부로부터 투자를 받거나 대출을 통해 자금을 유치하고 싶은 경우.
- **대외신인도 향상** : 대외적으로 더 높은 신뢰도를 구축하고 싶은 경우.

- **세금구조 설계** : 개인사업자의 세금구조에서 법인사업자로 세금 구조를 변경하고 싶은 경우.

개인사업자와 법인사업자의 본질적인 차이

많은 사장님들이 법인전환을 '간판만 바꾸는 일' 정도로 쉽게 생각하는 경향이 있는데, 실제로 법인전환은 사업의 운영방식 전체를 바꾸는 일이다. 표면적으로는 둘 다 사업자이지만, 그 본질은 완전히 다르다. 개인사업자는 '나'와 같다. 사업의 수익도 손해도 그리고 리스크도 모두 내 것이다. 그러므로 사업자 통장에 있는 자금도 마음대로 꺼내 써도 문제가 없다. 의사결정은 매우 빠를 수 있지만, 투자유치도 어렵고 인재 채용에서도 신뢰를 주기가 쉽지 않다. 그러므로 사업의 확장성은 제한적이다. 반면, 법인사업자는 별도의 인격을 가진 '주체'다. 나는 그 회사의 대표로서 회사를 운영하고 급여를 받아 간다. 따라서, 법인의 돈을 마음대로 이체하게 되면 법적 문제와 세무적인 문제가 발생할 수 있다. 외부자금 유치에 있어서는 상대적으로 용이하다. 주식회사의 경우 주식 발행을 통해서 투자를 유치할 수도 있고, 은행에서 대출을 하는 경우에도 재무신뢰도 측면에서 개인사업자보다 법인사업자가 유리하다. 법인사업자는 스톡옵션[22]이라는 것도 발행할 수 있는데, 이를 통해서 더 좋은 인재를 유치할 수도 있다.

[표] 사업자구조에 따른 유불리

구분	사업자의 구조	
	개인사업자	법인사업자
자금 유치 (대출/투자 등)	상대적으로 어려움	용이
인재채용	상대적으로 어려움	용이
세율[23]	불리(6%~45%)	유리(9%~24%)
자금 사용	용이	상대적으로 어려움
사업확장성	낮음	높음

법인전환은 사업의 판을 바꾸는 구조 설계다

법인 전환은 단순히 사업자 유형을 바꾸는 것이 아니다. 진짜 핵심은 사업의 판을 새롭게 설계하는 데 있다. 대표 개인의 역량에 대부분 의존하던 개인사업자에서 대표가 직접 모든 걸 하지 않아도 알아서 굴러가는 시스템을 만드는 첫 시작이 바로 법인전환이다. 법인으로 전환을 하면 구조가 바뀌고, 구조의 변화는 전략의 변화를 의미한다. 앞서 설명한 것처럼, 외부 투자자로부터 투자를 받을 수 있고, 핵심 인재를 스톡옵션이나 더 좋은 조건으로 유치할 수도 있게 된다. 정부 지원사업이나 사업자 간 거래(B2B)에서도 개인사업자보다 높은 신뢰도를 얻을 수 있다. AI 시대에 법인으로 전환은 더 이상 세금의 문제가 아니라 회사를 10배 키우기 위한 기반 설계다. AI 시대에 기회를 잡고, 회사를 더 성장시키고 싶은가? 그렇다면, 지금 고민해야 하는 것은 단순히 이번에 내야 하는 세금이 얼마인지가 아니라, 어떤 구조로 회사를 디자인 할 것인지를 고민해야 한다.

인재유치 전략 : 스톡옵션으로 인재를 끌어들이기

스톡옵션, 인재에게 주는 동업제안서

　법인사업자[24]가 되면 스톡옵션을 발행할 수가 있다. 스톡옵션(Stock option)이란 회사의 임직원이 일정 기간 내에 미리 정해진 가격으로 회사의 주식을 살 수 있는 권리를 말한다. 회사가 성장할수록 스톡옵션 행사를 통해 얻을 수 있는 이익도 커지므로 회사와 직원(인재)의 이해관계가 일치하게 된다. 일반적으로 스타트업과 같이 초기 창업기업의 경우, 대기업보다 더 높은 연봉과 복지를 제공하기 어렵기 때문에 더 좋은 인재를 영입하기 위하여 스톡옵션을 잘 활용한다. 얼마 전에도 나에게 세무 기장을 맡기고 있는 법인 중에서 인재 유치를 목적으로 스톡옵션을 발행하고자 하여 찾아온 일이 있었다. 이 회사는 소프트웨어 개발을 하고 프로그램을 사람들에게 판매하여 소프트웨어 사용 수익을 올리고 있는데, 회사가 성장함에 따라 CTO[25]급 개발자를 충원하려고 하는 니즈(Needs)가 있었다. 스톡옵션을 한 번도 발행해 본 경험이 없었던 터라, 스톡옵션과 관련하여 어떤 부분을 신경을 써야 하는지 1부터 10까지 나의 도움이 필요한 상황이었다. 이와 관련하여 스톡옵션 계약서 작성 시 유의점과 제공해야 하는 스톡옵션의 비율, 기타 특약사항에 대해 자문해주었다. 결과적으로 연봉 대비해서 역량이 좋은 CTO를 영입하는데 성공하였고 이후 회사는 계속해서 성장해 나가고 있다. 사실은 나도 스톡옵션 계약을 한 경험이 있다. 회계법인을 다니다가 창업을 하기 전 한 스타트업에 근무를 하던 기간에 투자유치와 관련하여 업무를 수행하면서 다니던 회사로부터 스톡옵션 계약을 체결하였는데, 결과적으로 스톡옵션을 부여받지는 못했었다. 스톡옵션 계약서상 근속연수를 채우기 전에 창업하기 위해서 퇴사를 했기 때문이었다.

　스톡옵션은 개인과 기업의 성장과 보상에 대한 이해를 일치시켜주는 동업제안서다. 회사가 잘되면 스톡옵션을 받은 직원도 돈을 많이 벌 수 있게 만들어 준다. 하지만, 스톡옵션 계약은 개인 간 계약에 따른 것이므로, 어떻게 구조를 설계하는지에 따라 그 내용은 다 다를 수 있다. 구체적으로 스톡옵션의 조건이나 계약 시 고려사항 등은 어떤 것들이 있을까?

스톡옵션 제공 시 고려사항

스톡옵션 제공에 있어서 고민해야 할 사항들은 여러 가지가 있지만, 가장 고민이 되는 것 중 하나를 꼽으라면 '얼마나 줘야 하는가?'이다. 딱 정해진 규칙은 없지만, 너무 적게 주면 스톡옵션의 목적인 동기부여가 전혀 되지 않게 되고, 또 너무 많이 주면 기여도에 비해 과도한 보상을 지급하게 되는 문제가 생긴다. 초기 기업의 경우 스톡옵션의 시장가치를 알기도 어렵기 때문에 얼마를 줘야 하는지 판단하기 쉽지 않다. 결국은 회사의 가치를 어떻게 볼 것인가에 대한 회사 구성원들의 관점의 문제다. 예를 들어, '우리 회사가 현재 100억인데 1,000억 될 거야'라고 대표를 포함하여 임직원들이 믿고 있다면, 1%를 스톡옵션 준다는 것은 연봉과 별도로 현재 1억만큼의 가치(=100억x1%)를 더 주는 것이고, 미래에 기업가치가 1천억이 된다고 믿는다면, 단순하게 생각했을 때 1억의 10배인 10억의 가치가 될 수 있는 스톡옵션을 주는 것이 된다. 스톡옵션 부여 시에는 행사가라는 것도 정해야 하는데, 행사가란 미리 정한 가격을 말한다. 예를 들어, 스톡옵션을 1,000주 부여받았고 행사가가 1,000원인 경우, 스톡옵션의 행사 당시 시가가 1주당 1만 원이라면, (10,000원-1,000원)×1,000주인 9천만 원의 이익을 얻게 된다.[26]

그 밖에도, 스톡옵션은 행사 기간이라는 것도 정해야 한다. 스톡옵션을 계약하자마자 효력이 생기는 것은 아니고, 부여 후 근속연수를 일정 부분 채워야 스톡옵션을 받을 권리가 생긴다. 우리나라의 경우 상법에 2년으로 정해두었기 때문에, 최소 2년 이상으로 계약서상 정해야 한다. 그리고 행사의 비율도 계약서상 정할 수 있는데, 2년 후 25%, 3년 후 50%, 4년 후 100%, 이런 식으로 행사할 수 있게 정하는 것도 가능한데, 이러한 방식을 베스팅(Vesting)이라고 한다.

결국, 스톡옵션 설계가 중요하다

토스뱅크는 2021년 7월 임직원 30명에게 스톡옵션 부여를 시작으로 지금까지 2025년 2월까지 16번째 스톡옵션을 발행하고 있다. 이러한 적극적인 스톡옵션 제공으로 회사의 성장을 함께 나누고, 우수 인재를 확보하려는 노력을 계속하고 있다. 토스뱅크의 모회사인 비바리퍼블리카는 최근 삼일회계법인을 감사인으로 수임하여 미국 상장(IPO)을 준비하고 있다고 한다.

스톡옵션의 부여는 단순히 주식매수 옵션을 부여하는 것이 아니라, 회사 성장을 위한 전략적인 의사결정이다. 스톡옵션을 제대로 활용하려면 스톡옵션 조건 설계가 매우 중요하다. 잘 설계할수록 좋은 인재를 오랫동안 유치할 수 있지만, 잘못된 조건 설계는 동기부여에 도움이 되지 않을 뿐만 아니라, 잘못되면 법적인 분쟁의 씨앗이 될 수도 있다. 얼마를 부여해야 할지, 행사 가격은 어떻게 해야 할지, 행사 기간은 어떻게 정할지 등 고민해야 하는 사항들이 많은데, 혼자서 다 고민할 필요는 없다. 스톡옵션을 부여하고자 하는데 어디서부터 시작해야 할지 잘 모르겠다면, 혼자 고민하지 말고 경험이 많은 전문가를 찾아서 조언을 구해보자.

생존 전략 : 시장 변화에 유연하게 피봇(Pivot)하기

AI 시대, 시장의 변화에 회사를 맞춰라

'피봇(Pivot)'이란 시장 반응이나 데이터에 기반해 비즈니스 모델, 제품 등을 전략적으로 전환하는 것을 말한다. 사진 및 동영상을 공유하는 유명한 SNS 중 하나인 인스타그램(Instagram)은 시장변화에 맞춰 피봇한 대표적인 사례다. 인스타그램은 원래는 위치기반 체크인 서비스인 버븐(Burbn)으로 시작했었다. 버븐은 사용자가 특정 장소에 있다는 것을 공유하는 체크인 서비스, 사진 업로드와 활동에 대한 반응을 확인할 수 있는 '댓글 및 좋아요' 기능, 일정 관리 기능 등 다양한 기능을 가진 앱(App)이었다. 그런데, 앱이 복잡하고 사용성이 떨어져 있어서 얼마

지나지 않아 사람들이 버븐(Burbn)에 별 관심을 가지지 않게 되었다. 하지만, 사용자의 관심이 이 앱의 사진 공유 기능에 집중되어 있다는 것을 발견하고 나서 이 기능에 집중하여 서비스를 피봇(Pivot)하였고, 지금의 인스타그램이 되었다.

소비자의 니즈(Needs)는 계속해서 바뀌고, 기술은 진보하기 때문에 시장은 계속해서 변화한다. 어제까지 잘 팔리던 제품이 오늘은 외면받고, 안정적으로 보이던 사업모델이 하루아침에 무너지는 일은 흔하게 볼 수 있다. 특히, AI 사용의 확대와 같은 거대한 시대 변화는 기존의 시장 질서를 완전하게 바꾸고 있다. 인스타그램 역시도 시장의 변화와 니즈에 회사를 맞추지 않았더라면 지금과 같이 성공하지는 못했을 것이다.

수많은 창업자가 사업 초기 자신만의 확신을 갖고 시장에 뛰어들지만, 자기 생각과 시장의 반응은 완전히 다를 수 있다. 이때 시장의 변화를 감지하고 유연하게 비즈니스 모델을 그에 맞추어 재설계할 수 있어야 한다. 그렇다면, 어떻게 시장의 변화에 맞춰 사업모델을 피봇할 수 있을까?

시장의 변화에 맞춰 피봇팅을 하는 방법

피봇하는 방법으로 가장 많이 사용하는 방법에는 린스타트업(Lean) 전략이 있다. 린스타트업의 코어(Core) 프로세스는 '제작(Build)-측정(Measure)-학습(Learn)'이다. 린스타트업 전략은 앞선 과정을 반복해서 진행하면서 시장의 변화에 회사를 맞추어 가는 전략이다. 먼저, 초기에 최소기능제품(MVP, Minimum Viable Product)를 제작한다. MVP란 시간과 비용을 최소화하면서 아이디어를 시장에 검증하기 위해서 최소한의 핵심 기능만 갖춘 제품이나 서비스를 말한다. 다음으로, MVP에 대한 고객 반응과 피드백을 측정한다. 마지막으로 피드백을 바탕으로 제품이나 서비스를 개선한다. Airbnb도 이러한 전략을 실행에 옮긴 대표적인 사례다. 초기에 자신들의 아파트 거실에 에어매트를 깔고 웹페이지 하나로 숙소를 올렸다. 이것이 Airbnb의 첫 MVP였다. 이 실험을 통해서 고객들이 실제로 낯선 사람의 집에 머물 의향이 있다는 것을 확인하였고, 그때부터 고객으로부터 피드백을 바탕으로 서비스를 개선하고 본격적인 서비스 확장에 나섰다.

나도 스타트업 창업을 했던 경험이 있는데, 이때 트리버(TRIEBER)라는 모바일앱 MVP를 만들어 시장검증을 진행한 적이 있다. 내 아이디어는 해외 여행지에 가면 호텔 로비나 공항에 이리저리 흩어져 있는 종이 쿠폰(바우처)을 모바일 앱에 보기 쉽고 사용하기 쉽게 모아보자는 것이었다. 창업 당시인 2018년도 무렵에는 자유여행이 활발하게 이루어지고 있었고, 포켓와 이파이나 로밍을 저렴한 가격에 사용할 수 있어서 외국에서도 인터넷접속이 매우 쉬웠다. 그래서 종이로 된 쿠폰을 모아서 보기 쉽게 제공해 준다면, 여행객도 여행경비를 아낄 수 있을 테고 여행지에 있는 가게도 홍보가 가능할 것으로 생각했다. 처음에 빠르게 만든 MVP 모델은 '괌(Guam)' 지역만 대상으로 했고, 디자인도 제대로 되지 않은 속된말로 구린 디자인의 모바일 앱이었지만, 시장의 반응을 빠르게 살펴보는 데에는 전혀 무리가 없었다. 결과론적으로 내가 만든 '트리버(TREIBER)'라는 모바일 앱으로 제한된 지역만 서비스했음에도 불구하고 단기간에 1만 명 다운로드를 만들어 냈고, 이를 바탕으로 서비스를 확대하면서 초기 투자까지 받았었다.

피봇팅 마인드

린스타트업 방식의 핵심은 속도와 유연성이다. 계속해서 시장의 반응을 빠르게 확인하고 시장에서 요구하는 서비스나 제품을 만들어 내는 것이 핵심이다. 처음부터 거창하게 아이디어를 구현하려고 한다면, 수많은 시간과 돈이 들어가게 된다. 그런데, 막상 서비스나 제품판매를 시작했는데 시장의 반응이 영시원치 않다면 자원만 낭비할 수 있다. 린스타트업 방식을 통해서 이러한 시행착오를 최소화하면서 시장의 변화에 맞출 수 있는 것이다.

사업을 하다 보면 기존 서비스를 피봇해야 하는 일이 생긴다. 나도 경험해보았지만, 기존의 생각을 바꾸고 피봇하는 것은 대표로서 쉬운 결정은 아니다. 내가 틀렸다는 것을 인정하는 기분이 들기 때문이다. 그러나, 피봇은 실패가 아니라 더 나은 성장을 위한 전략적인 의사결정이다. 세계적인 업무 커뮤니케이션 플랫폼으로 유명한 슬랙(Slack)도 처음에는 게임을 개발하였다. 게임을 개발하던 중 내부 협업 툴이 더 유용하다는 것을 깨닫고 피봇팅을 하여 지금의 슬랙(Slack)이 되었다.

AI가 시장을 엄청나게 변화시키고 있다. 이러한 시장 변화에 살아남기 위해서는 내 고집을 앞세우기보다는 시장에 니즈에 맞추는 유연한 마인드와 빠른 실행력 그리고 그 실행을 할 수 있는 용기가 필요하다. 이러한 마인드를 가지고 있다면 AI 시대 변화에 맞추어 회사를 10배, 100배 성장시키는 것도 무리는 아니다.

진입장벽 구축 전략 : 따라올 수 없는 길을 설계하는 방법

시장을 지배하는 보이지 않는 성벽

재작년쯤 한 가수의 유튜브 영상에서 갤럭시 폰을 쓰다 지인으로부터 '갤레기'라는 말을 들은 사연을 공유해 화제가 된 적이 있다. '갤레기'는 아이폰 이용자들이 삼성 갤럭시폰을 비하할 때 쓰는 은어로, 농담 섞인 인터넷 밈이었지만, 여기에는 중요한 비즈니스 교훈이 있다. 바로 진입장벽이다. 2024년 7월 2일부터 4일간 실시한 한국갤럽 설문조사에 따르면 18~29세 응답자 중 64%는 아이폰을 사용하는 것으로 나타났다. 애플의 아이폰은 비싼 가격임에도 불구하고 강력한 브랜드 인지도라는 진입장벽을 바탕으로 10대, 20대들의 압도적인 사랑을 받으며 그들에게 많이 팔리고 있다.

진입장벽이란 경제학에서 특정 시장이나 활동에 새로 진입하려는 사람이나 기업에 장애물로 작용하는 요소를 말한다. 진입장벽을 구축하게 되면 경쟁자보다 더 비싼 가격에도 물건을 판매할 수도 있고, 단기적인 유행에 그치지 않고 안정적인 시장점유율을 유지할 수도 있다. 또 더 나아가 재구매율을 높여 장기적으로는 광고비를 최소화하고 외부로부터의 투자나 인재 유치에도 유리하게 작용할 수 있다. 워런 버핏이 좋아하는 음료로도 유명한 코카콜라는 비밀 레시피와 전 세계 유통망, 그리고 브랜드를 바탕으로 진입장벽을 세워 아주 오랜 기간 안정적인 매출을 만들어 내고 있다. 또 배터리 기술과 충전 인프라를 갖춘 테슬라(Tesla) 역시 전기차의 선도적인 브랜드 인지도로 진입장벽을 구축하고 충성고객을 확보하고 있다. 그렇다면, 보다 구체적으로 진입장벽의 종류와 구축 방법에는 어떤 것들이 있을까?

따라올 수 없는 길을 설계하라

진입장벽을 구축하는 방법에는 여러 가지가 있을 수 있다. 가장 대표적인 진입장벽은 브랜드 인지도(Branding)를 구축하는 것이다. 브랜딩을 통한 진입장벽 구축을 하는 대표적인 업체는 명품 브랜드 샤넬(Chanel)이다. 샤넬은 희소성과 프리미엄 이미지를 통한 고급 브랜드 포지셔닝을 바탕으로 사업화하고 있다. 샤넬 가방을 가지고 있는 것이 신분의 상징이 되었다. 강력한 진입장벽을 바탕으로 샤넬은 가격을 인상해도 오히려 판매는 더 늘어나는 현상도 벌어지고 있다. 스타벅스(Starbucks)도 비슷한 사례인데, 지금은 전보다 덜 하지만, 처음 국내에 들어왔을 때는 스타벅스를 마시는 사람을 사치스러운 사람이라는 의미로 '된장녀'라고 부른 적도 있었다. 여전히 다른 저가 커피와 비교해서 높은 가격임에도 불구하고 브랜딩을 통한 진입장벽을 구축하여 잘 팔리고 있다.

또 다른 진입장벽으로 기술 지식장벽을 들 수 있다. 대표적으로 엔비디아(NVIDIA)를 들 수 있는데, 엔비디아는 GPU 아키텍처, AI 연산에 특화된 소프트웨어 기술을 독점적으로 지니며 하드웨어와 소프트웨어 그리고 개발자 생태계에 있어서 독점적인 기술 장벽을 구축하고 있다. 그 결과 지금은 약 6천145조의 시가총액을 만들어 내고 있다.

'네트워크 효과'를 통해서 진입장벽을 구축할 수도 있다. 네트워크 효과란 특정 네트워크에 이미 많은 사용자가 존재하여 신규 사업자가 시장에 진입하기 어려워지는 현상을 말한다. 대표적인 사례가 전 국민이 사용하는 카카오톡이다. 이미 대부분의 사람들이 카카오톡을 쓰기 때문에 다른 새로운 메신저가 시장에 진입하기 어렵다. 카카오는 이 진입장벽을 바탕으로 결제, 게임, 쇼핑, 택시호출 등 다양한 생활편의 서비스를 통해 돈을 벌고 있다.

전환비용(Swiching Cost)도 진입장벽이 될 수 있다. 전환비용이란 고객이 다른 제품 서비스로 옮겨갈 때 발생하는 금전적, 시간적, 심리적 비용을 말하는데, 이러한 비용이 높다면 경쟁사로 이동이 어려워진다. 예를 들어, 애플의 경우 아이폰, 맥북, 아이패드, iCloud가 모두 유기적으로 결합되어 있어서 이러한 생태계를 모두 사용하고 있는 유저가 삼성이나 다른 브랜드로 옮겨가기에는 전환비용이 너무 커서 어렵게 된다.

유통망과 같은 물류 인프라도 경쟁사가 진입하기 어려운 조건을 만든다. 국내에는 쿠팡(Coupang)이 대표적인 사례다. 전국에 30개 이상의 대형 물류센터를 구축하여 오늘 주문하면 다음 날 아침까지 배송하는 로켓배송 서비스를 시행하였는데, 물류를 갖추고 있지 못한 다른 경쟁사는 이렇게 하기 어려운 점에서 진입장벽으로 작용하고 있다.

그 밖에도 규제 인허가도 큰 진입장벽이 된다. 은행업 보험업 증권업과 같은 정부의 인가와 자본금 요건이 되는 사업이나 제약 바이오와 같이 FDA 승인이 필요한 사업의 경우 승인 여부가 엄청난 진입장벽으로 자리할 수 있다.

AI를 활용하여 진입장벽을 세워라

진입장벽을 구축하는 일은 회사의 규모가 작든 크든 상관없다. 나에게 세무 기장을 맡기고 있는 거래처 중 한 업체는 직원도 몇 명 없고 작은 규모임에도 불구하고 진입장벽을 구축하고 있다. 이 업체는 타일 보수와 관련하여 접착제 제품을 수입하고 있는데, 접착제의 경우 국내에 판매하기 위해서는 화학인증을 받아야만 수입과 판매를 할 수 있다. 그런데 이 인증은 매우 까다롭고 시간과 돈이 많이 들어간다. 하지만, 이 업체의 사장님께서는 우여곡절 끝에 화학인증을 받았고 이를 바탕으로 경쟁자가 거의 없는 상태에서 높은 매출을 올리고 있다.

진입장벽은 예전에도 중요했지만, AI 시대에는 더 중요하다. 진입장벽과 같이 차별화된 요소가 없으면 누구나 손쉽게 AI를 활용하여 내 제품이나 서비스를 따라 하기 쉽다. 불과 몇 년 전만 하더라도 회사 로고나 디자인을 외부의 디자이너에게 맡겨야 했는데, 이제는 간단한 로고나 디자인은 AI가 뚝딱 만들어 낸다. 반대로 AI를 기존 사업에 접목하여 더 높은 진입장벽을 쌓을 수도 있다. 글로벌 운송 물류 서비스를 제공하고 있는 UPS는 기존 서비스에 AI를 활용하여 AI 기반 배송 경로 최적화를 통해 운영 안전성을 높이면서 연간 수억 달러의 연료비를 절감하고 고객 경험을 개선하는 성과를 내고 있다.

이처럼 본인이 하고 있는 사업에 AI 기술을 접목하여 진입장벽을 만들어야 한다. AI 기술은 진입장벽을 무력화시킬 수도 있지만, 잘 활용한다면 내 회사를 한 단계 성장시킬 수 있는 도구다. AI 기술을 잘 활용하여 보이지 않는 성벽을 구축하자. 회사를 10배, 100배 성장시키는 구조로 가는 첫걸음이다.

위임 전략 : 대표가 빠져도 굴러가는 구조 만들기

'내가 없으면 안 된다'는 착각을 깨라

작은 가게라도 운영해본 사장님이라면 공감하겠지만, 가게를 운영하다 보면 사장인 '내'가 없으면 가게가 돌아가지 않는다고 생각할 때가 많다. 직원이 해 놓은 일 처리는 내 마음에 들지 않고, 늘 부족해 보인다. 결국, 직원을 뽑아서 월급을 주는데도 내가 그 직원이 해야 할 일을 대신하면서 회의감에 빠진다. 나도 첫 창업 초기에 비슷한 경험이 있다. 사업이 확장되면서 블로그를 쓰고, 마케팅 채널을 관리할 직원을 뽑았는데, 직원이 쓴 블로그 글이 마음에 들지 않았다. 어느 순간에 직원 대신 블로그를 쓰고 있는 내 모습을 발견하면서, 이건 아니라는 생각이 들었던 적이 있다.

창업 초기에는 사장이 대부분의 일을 해야 하는 것은 당연하다. 초기에는 인적, 물적 자원이 매우 부족하므로 당연히 사장이 영업, 마케팅, CS 등 여러 가지 역할을 맡아야 한다. 하지만, 일정 시점이 지나면 한계에 부딪힌다. 사장 혼자서 아무리 시간을 쪼개도 업무는 줄지 않고, 회사의 성장 속도는 점점 더 느려진다. 초기 창업단계를 지나 회사가 성장하는 단계부터는 수많은 일을 사장 혼자서 다 할 수 없을뿐더러 직원들이 제 역할을 해주어야 회사가 성장해 나갈 수 있다. 지금 회사에 '내가 없으면 안 된다'라고 생각이 든다면, 사업을 하는 게 아니라 내가 만든 일자리에서 일을 하는 것이다.

권한과 책임을 설계의 핵심으로!

회사를 한 단계 성장시키기 위해서, 직원을 채용하고 적절하게 권한과 책임을 위임해야 한다는 것은 누구나 다 아는 이야기다. 하지만, 현실은 쉽지 않다. 직원에게 노하우를 알려주고, 열심히 교육해서 이제야 일 좀 할 수 있겠다는 생각이 들 때쯤에 직원은 퇴사하고, 또 직원이 많아질수록 직원 간 내부 갈등과 같은 문제도 발생한다. 이런 일이 반복되다 보면 다시 직원을 줄이거나 사장이 직원의 일을 맡게 되는 방식으로 되돌아가기에 십상이다. 실제로 음식점이 잘되어서 직원을 더 뽑고 사업을 확장했는데, 직원과의 갈등으로 인해서 직원이 퇴사하고 다시 음식점을 축소하거나, 직원은 늘었는데 사업은 성장하지 않고 사장님만 계속 바쁘게 돌아다니는 사례가 흔하게 보인다. 그래서 요즘 사장님과 이야기해보면, 그냥 가족끼리 사업을 하는 게 더 낫다고 하시는 분들도 많다. 하지만, 이 고비를 반드시 넘겨야만 한 단계 성장할 수 있다.

그렇다면, 어떻게 해야 권한과 책임을 적절하게 부여하도록 설계할 수 있을까? 위임이 잘 이루어지기 위해서는 명확한 목표와 업무 범위가 설정되는 게 가장 중요하다. 모호한 업무 범위설정을 하게 되면 직원이 생각하는 일의 범위와 사장이 기대하는 일의 범위와 달라져서 원하는 결과를 얻기란 어렵다. 또한, 권한 부여도 매우 중요하다. 해당 업무를 수행하기 위해서 실질적으로 일을 할 수 있는 권한을 주어야 한다. 예를 들어, 중간관리자의 역할을 위임했다고 한다면, 그 역할이 수행할 수 있는 인사 권한도 같이 주어야 한다. 이러한 권한을 줄 때는 단순히 구두로 설명하는 게 아니라, 관련된 직원이 모두 모인 자리에서 설명하고 더 나아가 회사 사규로 문서화 해두는 게 좋다. 마지막으로 위임한 일에 대한 피드백도 필요하다. 결과뿐만 아니라 과정에서의 성과, 개선점 피드백을 주고 잘한 점은 즉시 인정한다면 동기부여를 시킬 수도 있다.

AI와 사람, 하이브리드 조직과 위임전략

AI의 도입으로 회사의 조직구조가 완전히 달라지고 있다. 호주의 한 헤지펀드인 '미노타우르 캐피털'은 최근 6개월간 전 세계 상장주식에 투자해 수익률 13.7%를 기록했는데, 이 기간 모건스탠리캐피털인터내셔널(MSCI) 글로벌 지수가 6.7% 상승한 것과 비교해 2배 넘는 수익률을 기록했다. 이 헤지펀드는 다른 업체와 다르게 애널리스트가 없고 그 역할을 AI가 대신한다. AI에서 발생하는 비용이 초급 애널리스트 급여와 비교했을 때 절반 정도인데, AI는 매일 약 5천 개의 뉴스 기사를 분석해 향후 3년 이내에 2배, 혹은 10년간 10배 상승 가능성이 있다고 판단되는 전 세계의 특정 주식을 골라 약 2천 단어 분량의 보고서가 만들어 낸다고 한다.[27]

앞으로는 이러한 AI와 사람이 같이 일을 하는 하이브리드 조직이 대세를 이룰 것으로 보인다. 반복적이고 정형화된 업무는 AI가 하도록 위임하고, 사람은 이를 바탕으로 회사를 운영하고 전략적인 의사결정을 내리는 식으로 바뀔 것이다. 이러한 변화에 발맞추어 위임전략도 수정되어야 한다. 지금까지 사람과 사람 사이에 위임을 고민했다면, 앞으로는 AI와 사람 간의 위임에 대해서 더 깊게 도민해야 할 것으로 보인다.

AI시대는 오히려 규모가 작은 회사에는 큰 기회가 될 것이다. AI는 더 적은 비용을 투입해서 더 높은 효율을 극대화할 수 있는 도구이기 때문이다. AI와 사람 간에 어떠한 위임방식이 우리 회사에 더 효과적인 결과물을 만들어 내는지 고민해야 한다. 아직도 사장인 내가 모든 일을 다 하고 있는가? AI를 통해서 하이브리드 조직으로 변신해볼 타이밍이다.

자동화 전략 : 자동화로 기업가치를 극대화하라

다음 Stage로 가는 첫걸음

'자동화'라는 말이 본격적으로 사용되기 시작한 것은 1946년 포드 자동차 공장에서 생산 설비에 자동화 장치와 제어장치가 도입되면서부터라고 한다. 하지만 예나 지금이나 인간이 반복적인 노동을 싫어하는 건 마찬가지였나보다. 기원전 270년경 이집트의 발명가 크테시비우스(Ctesibius)는 일정한 간격으로 물을 흘려보내 시간을 측정하는 '물시계'를 만들었는데, 인류가 장치를 통해 반복 작업을 표준화하려는 최초의 시도 중 하나였다고 한다. 이에 비추어보면 노동의 개입을 최소화 · 자동화하려고 인간이 노력한 역사는 꽤 길다고 할 수 있다.

한편 AI 도입 이전에도 다양한 산업 분야에서 자동화가 이루어지고 있었지만, 최근 AI 도입으로 자동화 움직임은 더 가속화되고 있다. 제조업에서는 AI 기반의 로봇과 센서를 활용하여 생산 설비의 자동화, 품질검사, 설비 유지 보수 등의 스마트 팩토리 구축이 활발하게 이루어지고 있고, 금융업에서는 AI 기반으로 이상 거래 탐지, 신용 평가 자동화, 챗봇 및 상담 자동화가 이루어지고 있다. 물류에서는 AI 기반 재고관리 자동화, 배송 경로 최적화, 자율 주행 로봇을 활용한 상품 운반 및 적재 작업을 자동화하고 있으며, 의료분야에서는 AI 기반 시스템을 활용하여 CT, MRI 등 의료 영상 분석 자동화, AI 기반 환자별 맞춤 의료 서비스 자동화를 도입하고 있다. 앞으로의 비즈니스는 AI를 활용하여 얼마나 더 세부적으로 자동화할 수 있는지가 회사를 한 단계 성장시키는 데 중요한 사항이 될 것으로 보인다.

자동화를 통한 성장 효과

자동화란 기술과 시스템을 활용하여 사람의 개입을 최소화하면서 작업을 수행하는 것을 의미한다. 단순하게 인간의 노동을 기계로 대체하는 기계화와는 다르다. 자동화의 목적은 단순히 노동 대체를 넘어, 정확성과 효율성을 높이고, 빠른 속도로 일관성 있는 결과물을 만들어 내는 데에 있다.

AI를 통한 자동화를 회사에 적용하면 어떤 효과가 있을까?

가장 먼저 생산성이 크게 향상될 수 있다. 대표적인 예가 전기차를 생산하는 테슬라(Tesla)의 기가팩토리다. 테슬라는 로봇 기반 조립 공정과 AI 품질검사 시스템을 도입하였는데, 상하이에 있는 기가팩토리에서는 자동화율을 95%까지 끌어올려 모델Y가 30초마다 한 대씩 생산되고 있다고 한다. 또 AI를 활용한 자동화로 비용 절감도 큰 폭으로 가능하다. 새벽 배송 시장을 만들며 급성장한 마켓컬리도 자동화 설비 도입으로 포장비용을 13% 절감하고 10년 만에 적자 탈출을 했다. 자동화는 품질과 서비스를 일관되게 유지하는 것도 가능하게 한다. 스타벅스는 모든 음료 레시피와 제조 절차를 전 세계 매장 표준 매뉴얼로 관리하고, 장비에 자동 세팅 값을 적용하여 바리스타 숙련도와 상관없이 일관된 커피 맛을 제공하고 있다. 자동화를 통해 빠르고 정확한 서비스 제공도 가능한데, 쿠팡의 경우 AI 기반 배송 경로 최적화와 자동 분류 시스템을 통해 로켓배송 서비스를 구축했고, 24시간 이내에 배송 비율을 99% 이상 유지하며 고객 만족과 재구매율을 폭발적으로 끌어올렸다. 이미 수많은 기업이 다양한 공정에서 자동화를 통해 기업의 가치를 극대화하고 있다.

AI시대, 자동화의 새로운 의미

AI를 통한 자동화는 단순히 반복적인 일을 하지 않는 것을 넘어서 수행한 업무를 판단하고, 예측하고, 제안 및 의사결정까지 하는 영역까지도 확장될 것이다. 또한, 사람의 개입을 더욱더 최소화하는 방향으로 자동화가 이루어질 것으로 보인다. 미국 뉴욕에서 방문 미용 의료 업체 서울스킨을 창업한 손명균 대표는의 창업 준비 과정은 이를 명백하게 보여준다. 서울스킨은 창업의 모든 과정을 AI 직원으로 자동화하였는데, 영어 미팅은 AI '노트테이커'를, 법과 규제를 찾아볼 때는 '퍼플렉시티'를, 개발은 '커서'를, 리서치는 '제미나이 딥리서치', 영상제작은 'VEO'를 쓰고, 고민 상담은 챗GPT(Chat GPT)와 나누었다고 한다.[28] 각 필요 분야별 전문성을 갖춘 AI 동료가 단순반복적인 일을 넘어 제안하고 의사결정까지 도우면서 창업을 시작한 것이다. 앞으로는 1999년 중국의 '알리바바'가 17명의 동료와 함께 창업한 이야기는 이제 더 이상 현실에서 찾기 어려울지 모른다.

AI를 활용한 자동화를 도입할 때 한꺼번에 회사의 모든 부분을 자동화시키려면 리스크도 크고 혼란이 생길 수도 있다. 특정 부서나 특정 프로세스에서 성공사례 만들고 하나씩 확대해

나가는 것도 방법이 될 수 있다. 이러한 방식으로 자동화를 안정적으로 정착시키고, 조직 전반에 걸쳐 생산성 향상을 끌어올릴 수 있을 것이다. 세무 기장을 나에게 맡기고 계신 음식점 사장님 중 한 분은 프랜차이즈를 진행하고 있다. 곰탕이 주메뉴인데, 일관성 있는 맛을 제공하기 위해서 서비스와 제품에 대한 자동화 매뉴얼을 단계별로 준비 중이다. 맛은 이미 본점에서 매출로서 검증되었기 때문에, 하나씩 하나씩 자동화 시스템을 구축하고 거기에 더해서 AI를 활용하여 물류 최적화나 공장 설비 자동화를 이루어 낸다면 기존의 다른 프랜차이즈보다 더 경쟁력 있는 업체가 될 수 있다고 확신하고 있다.

과거에는 자동화 기술을 도입하는 데 많은 자본이 들었다. 하지만, AI 시대에는 더 적은 비용을 투입하고도 고품질의 자동화 프로세스 구축도 할 수 있게 되고 있다. 내 회사에서 자동화할 수 있는 것들은 없는지 하나씩 살펴보고 AI를 통한 자동화를 시켜보자. AI를 통한 자동화를 잘 활용한다면 생산성을 늘리고, 비용 절감을 하여 회사를 10배 성장시키는 것도 꿈이 아니라 현실로 만들 수 있을 것이다.

4.

돈이 남는 구조를 만들어라
: 세무와 재무 전략

비용 관리 전략 : 경비 관리를
미리미리 하라

AI 시대의 비용 관리란?

다른 회계사무소에서 세무기장을 맡기다가 얼마 전에 나에게 세무기장을 옮겨온 사장님이 있다. 우리 회계사무소로 옮긴 이유에 대해서 물어보니, 이전에 세무기장을 맡기던 곳에서는 '비용 관리'를 아예 안 해주다가 세금이 나오는 시기가 되면 갑작스럽게 비용이 부족하니 세금을 많이 낼 수밖에 없다는 식의 통보를 했다고 한다. 사장님께서 이전에 장부를 맡기던 회계사무소의 정확한 사정은 알 수는 없지만, 비용 관리의 중요성에 대해서 생각하고 매년 업체별로 경비체크를 하고 있는 나로서는 사장님이 왜 화가 났는지 충분히 이해가 간다. 매출을 크게 키우는 것만큼이나 비용 관리는 무척이나 중요하다. 특히, 요즘 같이 AI 시대에서는 급격한 시장의 변화에 발맞추어 사업을 전개하기 위해서는 전략적인 자금투자나 시장 변화에 대응하기 위한 여유자금이 필요한데, 돈이 새고 있는 구조에서는 아무리 좋은 기회가 와도 잡을 수가 없다. AI 시대의 비용 관리는 세금에 대한 대비뿐만 아니라 기회를 잡는 기본 준비다.

데이터 기반의 비용 관리

그렇다면, 비용 관리의 핵심은 무엇일까? 바로 세무 리스크를 최소화하는 것이다. 국세청은 매년 업종별 평균 경비율 데이터를 고시한다. 평균 경비율이란 업종별로 매출에서 비용이 차지하는 비중이 평균적으로 이렇게 될 것이라는 데이터를 말한다. 예를 들어, 2024년도 귀속 기준 전자상거래중개업의 경우 86%가 국세청이 고시한 단순경비율인데, 매출이 1억이 나왔다고 가정하면 8,600만 원은 전자상거래중개업을 하는 사업자들이 평균적으로 지출한 비용으로 볼 수 있다는 의미다. 물론 업종별 경비율을 모든 업체에서 무조건 적용할 수 있는 것은 아니다. 실제 사업을 하다 보면 그보다 더 많은 경비가 나올 수도 있고 반대로 더 적은 경비가 발생할 수도 있다. 하지만, 이 기준을 심하게 벗어난 경비구조는 세무서에서 관찰하여 세무조사와 같은 세무리스크로 이어질 수도 있으므로 주의가 필요하다.

국세청이 고시하는 경비율뿐만 아니라 경험이 많은 회계사나 세무사를 만나게 되면 수많은 업체를 세무 기장을 해보면서 얻게 되는 자체적인 평균 데이터도 있다. 이러한 데이터 기반의 경비관리를 통해서 놓치고 있는 경비는 없는지 또는 더 많은 경비가 들어갔다면 그 이유를 파악하고 추후에 세무조사나 다른 위험이 발생할 여지는 없는지 확인하게 된다. 이러한 기준을 가지고 경비를 관리하는 것과 아무런 기준 없이 회사에 감에 따라 경비를 관리하는 것은 세무리스크 관점에서는 하늘과 땅 차이이다.

경비체크를 미리 해야 하는 이유

경비체크를 미리 해야 하는 이유는 돈이 남는 구조를 만들기 위해서다. 실제로 '매월 1천만 원' 벌었다, '매년 1억 벌었다' 해도 내 통장에 돈이 없는 이유는 바로 이러한 경비에 대한 관점이 없기 때문이다. 미리 준비해서 돈이 남는 구조 만들어야 안정적으로 성장할 수 있다.

경비관리를 하기 위해서 가장 신경 써야 하는 부분은 적격증빙 수취와 인건비 신고를 누락하지 않는 것이다. 적격증빙이란 사업과 관련하여 지출한 비용 영수증 중에서 세법에서 인정한 증빙을 말한다. 쉽게 말해서 국세청에서 인정하는 증빙이다. 적격증빙의 종류는 세금계산서(상대방이 면세사업자라면 계산서), 신용카드 매출전표, 현금영수증 3가지가 있다. 비용을 지출하고 적격증빙이 아닌 다른 어떠한 증빙도, 경비처리로 인정받을 수 없다. 인건비 신고 역시 빠트리기 쉬운 부분이다. 사업자들이 오해하는 것 중 하나는 인건비를 이체하기만 하면 된다고 생각하는데, 그렇지 않다. 세무서에서는 돈을 빌려준 건지, 인건비로 지출했는지 이체내역만 가지고는 알 수가 없다. 반드시 급여지급일의 다음달 10일까지 원천세 신고라는 것을 해야 한다. 그래야 비용으로 인정을 받을 수 있다.

회사를 성장시키고 싶다면, 내 업종과 회사 상황에 맞는 비용 관리는 필수다. 아무리 돈을 많이 벌어도 버는 족족 돈이 새나가고 있는 구조의 회사라면, 더 성장은 불가능하다. 데이터를 기반으로 우리 회사의 경비율은 어느 정도 되는지 체크하고, 적격증빙을 제대로 수취하고 있는지 누락된 인건비가 없는지 등을 꼼꼼하게 챙긴다면, 세무리스크를 최소화하면서 동시에 사업확장의 기회를 잡을 수 있을 것이다.

※ 사업자의 경비처리 범위는 어디까지 가능할까?

실무에서 "회계사님, 경비처리는 어떤 것이 되고 어떤 것이 안 되는 건가요? 경비처리에 있어 기준과 같은 것이 있나요?"와 같은 질문을 자주 받는다. 이에 대한 나의 대답은 지금껏 한결같이 똑같다. "사업과 관련된 지출이라면 경비처리 가능합니다"이다.

경비처리 범위는 사업과 관련성이 있다면 모두 비용처리가 된다. 예를 들어, 해외를 간다고 할 때 목적이 여행이라면? 해외여행과 관련된 모든 지출은 사업과 무관하므로 당연히 경비처리는 되지 않는다. 그러나, 사업과 관련된 미팅이나 박람회를 참석하기 위한 목적으로 해외를 간다면 사업과 관련성이 있으므로 관련된 비용은 모두 경비처리가 가능한 것이다. 이러한 부분에 대해서는 다음에 과세관청으로부터 소명 요청이 왔을 때 소명은 할 수 있어야 하므로 근거자료로 사진이나 영수증 등을 챙겨 놓는 것이 좋다.

절세 설계 전략 : 세액공제와 감면제도를 적극적으로 활용하라

합법적으로 세금을 줄이는 방법

매년 5월, 종합소득세 신고 기간이 되면 사장님들께서 한결 같이 말씀 주시는 것 중 하나는 바로 "세금 좀 줄여주세요"다. 세금은 누구나 싫어한다. 지금까지 회계사로 여러 사장님들을 만나면서, 아주 즐겁게 세금을 적극적으로 내고 싶다고 말하는 사장님은 보지 못했다. 오히려 어떻게든 적게 내거나 최대한 늦 게 내고 싶어 하는 사장님들이 대부분이다.

소득을 벌어들인 개인사업자라면 일반적으로 매년 5월에 종 합소득세라는 것을 내야 하는데(성실신고대상 사업자라면 6월에), 5 월에 신고 납부하는 종합소득세는 전년도 1년 동안 벌어들인 소득에 대해서 납부하는 세금이다. 이미 5월이면 최소한 장부가 마감된 지 5개월이 지나버렸다. 따라서, 아무런 근거 없이 무조건 세금을 줄여달라고 요구하는 것은 대놓고 가공경비를 넣어서 탈세하겠다는 뜻과 같다. 그렇다면, 합법적으로 세금을 줄이는 방법은 없을까?

대표적인 세액감면과 세액공제

합법적으로 세금을 줄일 수 있는 유일한 방법은 세액감면, 세액공제를 활용하는 것이다. 이 방법을 활용한다면, 합법적으로 세금을 절세할 수 있다.

세액감면과 세액공제는 세법에서 정한 세금을 줄이는 제도를 말한다. 두 방식 모두 세금을 줄여주는 것은 같지만, 여러 면에서 차이가 있다. 세액감면은 산출된 세액에서 일정 비율을 빼주는 것을 말한다. 반면, 세액공제는 산출세액과 관계없이 일정 금액을 기준으로 산출세액에서 공제하는 방법을 말한다. 세액감면은 산출세액에서 일정 비율을 빼주는 것이다 보니 산출세액이 없으면 소멸하는 반면에 세액공제는 산출세액과 관계없이 미공제되는 경우 10년간 이월하여 공제를 적용받을 수 있다. 세액감면의 대표적인 사례는 중소기업 특별세액감면, 창업

중소기업 등에 대한 세액감면 등이 있고, 세액공제의 대표적인
사례는 통합투자세액공제, 통합고용세액공제 등이 있다.

[표] 세액감면과 세액공제 정리

구분	세액감면	세액공제
의미	산출세액에서 일정 비율을 빼주는 방법	산출세액과 관계없이 일정 금액을 기준으로 산출 세액에서 공제하는 방법
이월공제 가능 여부	불가능	가능 (10년)
대표적인 감면.공제	중소기업특별세액감면 창업중소기업 등에 대한 세액감면	통합투자세액고제 통합고용세액공제 사회보험료세액공제

사업을 한다면 반드시 알아두어야 하는 감면, 공제가 있는
데, 그중에서 세액감면의 대표주자인 창업중소기업 등에 대한
세액감면과 세액공제의 대표주자인 통합고용세액공제에 대해
서 알아보자.

(1) 창업중소기업 등에 대한 세액감면(창업감면)

• 요건을 충족한 사업자의 세금을 감면해주는 제도를 말한다.
• 창업 후 최초로 소득이 발생한 연도(사업개시 후 5년이 되는 날
  까지 소득이 발생하지 않는 경우 5년이 되는 날이 속하는 과세연도)와

그 후 4년간 소득세 또는 법인세의 50~100%를 매년 감면(조세특례제한법 제6조).

① 업종 요건

감면 대상 업종은 다음과 같다.

❶ 광업

❷ 제조업

❸ 수도, 하수 및 폐기물 처리, 원료 재생업

❹ 건설업

❺ 통신판매업

.

.

.

⓲ 전시산업

※ 자세한 업종은 조세특례제한법 제6조 제3항 참조

② 지역 요건

창업 당시 사업장 소재지를 말하며, 수도권과밀억제권역 외의 지역과 내의 지역으로 구분한다.

- 창업 당시 수도권과밀억제권역 외 : 50%
- 창업 당시 수도권과밀억제권역 내 : 감면 배제

※ 자세한 구분은 수도권정비계획법 시행령 [별표1] 참조

③ 나이 요건

창업 당시 대표자의 나이를 말하며, 만 15세 이상 만 34세 이하는 청년으로 구분한다(군 복무 기간은 창업 당시 연령에서 최대 6년 차감)

- 수도권과밀억제권역 외 : 100%
- 수도권과밀억제권역 내 : 50%

④ 세법상 창업요건

세법에서 말하는 창업을 말하며, 우리가 일반적으로 생각하는 창업과는 차이가 있어서 특히 주의가 필요하다. 아래의 경우에 해당하면 세법상 창업에 해당하지 않아서 감면을 적용받을 수 없다.

- 합병·분할·현물출자 등으로 사업을 승계하여 같은 사업을 계속 영위하는 경우
- 상속이나 양도에 의해 사업체를 취득하여 같은 사업을 계

속하는 경우

- 폐업한 타인의 공장을 인수하여 같은 사업을 영위하는 경우
- 기존 공장을 임차하여 기존의 사업과 같은 사업을 영위하는 경우
- 경매 등으로 기존 공장자산을 인수하여 같은 사업을 영위하는 경우

[표]지역별 창업감면 요건

창업중소기업			
수도권과밀억제권역 외		수도권과밀억제권역 내	
청년창업	그 외	청년창업	그외
100%	50%	50%	-

(2) 통합고용세액공제

통합고용세액공제란 전년대비 고용한 상시근로자 수가 늘었을 때, 일정 기간 동안 법인세 혹은 소득세 세액공제를 받을 수 있는 제도이다(조세특례제한법 §29조의8).

비수도권 사업장의 경우 1인당 최대 1,550만 원까지 세액공제를 받을 수 있는 강력한 세액공제 제도이다.

① 적용 대상

소비성 서비스업을 제외한 모든 개인사업자 및 법인사업자

※ 소비성서비스업 : 호텔업, 여관업, 유흥주점, 단란주점 (관광숙박업, 외국인 전용 유흥주점, 관광 유흥음식점은 가능)

② 통합고용세액공제 공제액

구분	중소기업		중견기업 (3년간 공제)	대기업 (2년간 공제)
	수도권	지방		
상시근로자	850만 원	950만 원	450만 원	-
청년, 장애인, 60세 이상, 경력 단절 여성 등	1,450만 원	1,550만 원	800만 원	400만 원

절세 설계는 처음부터 중요하다

나에게 세무 기장을 맡기고 계신 한 사업자는 매출액이 25억임에도 불구하고 세금을 합법적으로 내지 않고 있다. 앞서 설명한 창업감면제도를 활용하여 100% 세액감면을 받고 있기 때문이다. 만약 연 매출이 25억이고, 단순하게 경비가 없다고 계산 시 45% 세율구간에 해당하여 세금이 약 12억 정도 나온다는 것을 생각해본다면 엄청나게 큰 혜택을 보고 있다.

나중에 돈 많이 벌면 어떻게든 되겠지 하는 마인드로는 절세 설계를 할 수 없다. 실제로 사업자를 실수로 잘못된 업종을 내고 사업을 하다가 다시 창업감면을 받기 위해 업종을 추가하거나 변경하는 경우에는 세법상 창업으로 인정받지 못하여 창업감면을 받을 수 없는데, 이러한 상황을 매년 만난다. 처음부터 절세 마인드를 가지고 회계사무실을 찾아왔더라면 수백에서 수천만 원이 되는 세금을 아낄 수 있었을 것이므로 아쉬울 때가 많다.

돈이 남는 구조를 만드는 방법은 세금에 대한 구조를 짜야겠다는 마음가짐에서 시작될 수 있다. 처음부터 절세 마인드를 가지고 전문가를 찾아라. 그런 다음 절세 설계를 받으면 된다. 차이는 마인드에서부터 시작된다.

Tip.

Q. 세액공제와 세액감면 중 어떤 게 더 유리할까?

둘 다 적용받을 수 있다면 둘 다 적용받는 게 당연히 유리하다. 다만, 중복적용이 안 되는 경우도 있다. 이때에는 전문가의 검토를 받고 더 유리한 것을 적용받으면 된다.

세금폭탄 대비 전략 : 급성장기의 세금폭탄, 어떻게 대비할 것인가?

매출 폭발과 세금 시한폭탄

죽음과 세금은 누구나 피할 수 없다. 매출이 작은 회사도 이익이 남는다면 세금을 내야 하고, 매출이 큰 회사도 마찬가지다. 하지만, 급성장기에 접어든 회사일수록 세금폭탄도 함께 몰려온다. 왜 그럴까?

기본적으로 우리나라 종합소득세의 구조는 누진세율 구조다. 현행 소득세법은 최저세율 6%부터 최고세율 구간인 45%의 종합소득세율로 구성되어 있다. 과세표준[29]이 올라갈수록 세율구간도 단계적으로 올라간다. 매출이 크게 성장하고 있는 회사는 과세표준 구간이 계속해서 올라가므로, 세금도 증가할 수밖에 없다.

그런데 여기에 큰 문제가 하나 있다. 소득을 벌어들인 시기와 세금을 신고·납부해야 하는 시기 사이에 차이가 크다는 것이다. 올해 벌어들인 소득에 대한 세금은 그다음 해에 신고납부가 된다. 예를 들어, 개인사업자가 금년도 5월[30]에 신고·납부하는 종합소득세는 작년 1월 1일부터 12월 31일까지 벌어들인 소득에 대한 것이다. 따라서, 신고납부 시점인 5월이 되면, 이미 최소한 5개월 이상 지난 소득에 대해서 신고납부를 하게 되는데, 작년에 벌어들인 소득에 대해서 세금이 많이 나올 것을 대비하지 않고 있다가 갑작스럽게 엄청난 세금을 만나게 되면 자금 문제가 발생하게 된다.

내가 세무 대리를 하는 거래처들은 이러한 문제에 미리 대비하기 위해서 하반기에 소득과 경비율을 모두 미리 점검하여 세금에 대한 부분을 사전 안내를 드리고 있지만, 다른 회계사무소를 이용하다가 나에게 오신 분 중에서 갑작스럽게 세금폭탄을 맞고 오신 분들을 매년 만난다. 세금은 관리하지 않으면 시한폭탄이지만, 관리를 한다면 충분히 핸들링할 수 있다. 매출이 커질수록 미리미리 세금을 관리하는 것이 중요한 이유다.

현금 흐름 방어선 구축하기

세금폭탄에 대한 대비책은 무엇일까? 가장 기본적인 대비책은 매출의 일정 부분 현금 흐름을 떼어 놓는 것이다. 이를 위해서 세금관리 목적의 통장을 별도로 하나 만들어 두는 것도 좋은 방법이다. 개인사업자는 계좌에 있는 돈이 모두 내가 벌어들인 돈이라고 생각하는 경향이 있는데, 그중에서 일부는 세금으로 나가야 할 돈이 있다는 사실을 명심해야 한다. 예를 들어, 1만 원짜리 물건을 부가세 포함해서 1만 1천 원에 판매하였다면, 내가 벌어들인 돈은 1만 원이고, 1천 원은 부가가치세다. 개인사업자 대부분은 판매가인 1만 1천 원 모두 내 돈으로 생각하기 때문에 매출이 커질수록 미리 일정 부분 현금 흐름을 떼어 놓지 않으면 갑작스러운 세금납부로 인하여 현금 흐름에 문제가 발생하게 된다.

그렇다면, 얼마를 따로 적립하는 게 좋을까? 무조건 얼마를 적립하는 게 좋다는 정답이 있는 건 아니지만, 부가가치세와 종합소득세 관점에서 업종이나 전년도에 실제로 납부한 데이터를 바탕으로 예상 세액을 적립해 볼 수 있다.

먼저, 부가가치세다. 부가가치세는 일반과세자와 간이과세자로 나누어지는데, 일반과세자라면 10% 세율을 적용받는다.

매출에서도 10%를 납부해야 하지만, 매입에서 10%를 차감해주기 때문에 실무적으로 실효세율은 10%보다 낮다. 부가가치세는 업종별로 실효세율이 각기 다른데, 내 경험에 비추어보면 제조업이나 도소매업의 경우에는 매입이 많으므로 평균적으로 매출액의 2~4% 정도를 적립하면 되고, 서비스업의 경우에는 매입 비중이 작으므로 일반적으로 5~7% 정도를 적립하면 부가가치세로 인한 현금 흐름 문제를 예방할 수 있다. 물론 경험에 따른 평균 데이터이므로, 실제 도소매업임에도 불구하고 매입이 매우 적으면 당연히 더 많은 부가세를 적립해야 하고, 서비스업임에도 매입이 많은 경우에는 부가세를 더 적게 적립할 수도 있다. 참고로, 인터넷전문은행인 카카오뱅크에서는 부가가치세를 번거로운 계산 없이 입금액이 있는 날에 알아서 10%씩 모아주는 '카카오뱅크 부가세 박스'라는 서비스도 있다. 이러한 서비스를 통해서 부가가치세에 대한 대비도 가능하니 참고해보자.

종합소득세의 경우에는 부가가치세와 다르게 단일세율이 아니라, 누진세율 구조이므로 정확하게 얼마를 적립하라고 하기는 더 어렵다. 특히, 사업체마다 어떠한 세액감면, 세액공제를 적용받는지가 천차만별이기 때문에 같은 매출과 같은 순이익이 남았다 하더라도 세금은 완전히 서로 다를 수 있다. 가장 좋은 방법은 지금 세무 기장을 맡기고 있는 회계사무소에서 하반기에 매출과 경비 체크를 통해서 다음 해 5월 예상 납부세액을 검토하고 이를 통해 적립하는 방법이다. 만약 그렇게 준비가 어렵다면, 작년도 매출액 대비 납부세액을 확인하고 올해 매출액이 비슷하다면 미리 그만큼을 준비해 나가는 것도 방법이 된다.

전문가와 맞춤형 절세 시나리오를 짜라

개인사업자 중에서 고소득 업종에는 병·의원이 있다. 개원의를 말하는데, 잘되는 경우에는 세금이 엄청 많이 나와서 세금 납부만을 위한 별도의 적금을 들고 있는 경우도 있다.

이처럼, 세금 관리는 단순히 국가에 낼 돈을 정하는 게 아니라 회사 전체 현금 흐름 관리전략 중 하나다. 하지만, 사업자들이 이 부분을 대수롭지 않게 생각하다가 현금 흐름 문제가 발생하는 경우를 종종 보게 된다.

세금이라는 게 두렵기도 하지만, 준비되어 있다면 두려워할게 없다. 세금 납부에 있어서 중요한 것 중 하나가 예측 가능성인데, 이를 위해서 어떠한 항목에 어떻게 세금을 매기는지에 대해서 세법에 모두 정해져 있다. 다시 말해서 내가 현재 벌어들인 소득을 기준으로 대략 얼마쯤 세금이 나올 것이라고 예상 및 계산해 볼 수 있다는 의미다.

　하루 이틀 사업을 하고 그만둘 것이 아니고 계속 사업을 해나가야 하는데, 세금에 대한 준비가 없어서 자금 문제가 발생하여 사업에 지장이 생겨서는 안 된다. 혼자서 준비하기 힘들다면, 예상 세액을 관리할 수 있는 맞춤형 절세 전문가와 함께해라. 현재 맡기고 있는 세무전문가가 매년 예상세액을 검토해 주지 않는다면, 이를 요청해라. 요청을 해도 귀찮아하거나, 적극적으로 행동하지 않는다면 다른 전문가를 찾아가라. 세금 대비는 그만큼 회사의 전체 현금 흐름 관리에 있어서 중요한 포인트다. 적어도 세금 때문에 사업이 망했다는 소리를 들을 수는 없지 않겠는가?

재무제표 관리 전략 : 재무제표
숫자로 신뢰를 구축하라

상대방을 설득하는 숫자의 힘

　회사에 대해서 잘 알지 못하는데, 회사를 객관적으로 파악할 수 있는 자료는 무엇일까? 바로 숫자다. 숫자를 보면 회사의 모든 것을 알 순 없지만, 회사의 현재 상황과 어떻게 돈을 벌어오고, 어떤 지출을 하고 있는지를 한눈에 확인할 수 있다. 회사의 숫자는 내부적으로 경영관리 목적으로도 중요할 뿐만 아니라, 외부로부터 자금을 조달하는 데도 매우 중요하다.

　내가 창업 당시에 첫 투자를 받았을 때도 숫자의 역할은 컸다. 초기 창업기업이라 아무리 내가 큰 꿈을 가지고 사업을 하고 있다고 이야기를 해도 이를 객관적으로 증명하기란 불가능에 가까웠다. 하지만, 모바일앱 월별 다운로드 증가율, 고객이 우리 앱을 삭제하지 않고 계속해서 사용하는 정도를 나타내는 리텐션율(Retention rate) 등과 같은 객관적인 숫자로 투자자를 설득했고 투자받았다. 대출이나 신용보증을 받을 때도 숫자는 중요하다. 단순히 매출이 잘 나오는 것뿐만 아니라 부채비율, 유동비율, 자본잠식 여부, 가지급금 장부 계상 여부와 같은 숫자는 은행이나 주요 금융기관에서 면밀하게 보는 항목이다.

아무리 내가 달콤한 이야기를 해도 그것을 뒷받침할 수 있는 객관적 지표인 숫자가 뒷받침되지 않는다면, 말에 힘을 가질 수 없다. 반대로, 숫자로서 뒷받침할 수 있다면, 내 비전과 방향에 대해서 강력한 설득력을 갖출 수도 있다. 숫자는 주관적 해석을 최소화하고 객관적인 사실을 드러내는 가장 강력한 도구이기 때문이다. 재무제표에 기록된 매출, 영업이익, 부채비율, 현금 흐름은 회사가 실제로 얼마나 안정적이고 성장할 수 있는지를 보여주는 '설득의 언어'다.

재무제표를 읽는 눈 : 재무제표 핵심 지표

재무제표란 기업의 재무 상태나 경영성과를 보여주는 문서다. 재무제표는 재무상태표(대차대조표), 손익계산서, 자본변동표,

현금 흐름표, 주석 이렇게 5가지로 이루어진다. 재무제표란 무엇이고 재무제표에서 핵심적으로 알아야 할 지표들은 무엇이 있을까?

먼저, 재무상태표는 기업의 자산, 부채, 자본을 보고하는 문서다. 자산과 부채를 유동성 분류에 따라서 유동자산, 비유동자산 그리고 유동부채, 비유동부채로 구분하여 표기한다. 유동성 분류는 1년을 기준으로 판단하는데, 1년 이내에 회수가 가능한 매출채권이면 유동자산으로 분류하고 그렇지 못하면 비유동자산으로 분류하는 식이다. 부채도 마찬가지로, 차입금이 1년 이상 만기가 남아 있으면 비유동으로 1년 이내에 만기가 도래하면 유동으로 분류된다. 재무상태표에서는 부채비율과 같은 안정성 지표를 확인하고, 유동비율과 같은 유동성 지표 등도 알 수 있다. 재무상태표에서는 주로 확인하는 지표를 몇 가지를 소개하면 다음과 같다.

[재무상태표에서 확인할 수 있는 주요 지표]

지표명	계산방법	설명
유동비율	(유동자산 ÷ 유동부채) x 100	기업의 단기 재무 건전성을 나타내는 지표로 유동비율이 높을수록 단기 지급 능력이 좋다는 의미

부채비율	(부채 ÷ 자본) × 100	자본 대비 부채 규모로 100% 초과 시 잠재적인 재무위험이 크다는 것을 의미
자기자본 비율	(자기자본 ÷ 총자산) × 100	자산 중 자기자본이 차지하는 비율로 기업 재무구조의 건전성을 가늠하는 지표
차입금 의존도	(차입금 ÷ 총자산) ×100	기업이 총자산에서 차입금이 차지하는 비중을 나타내는 지표로 차입금 의존도가 높을수록 수익성과 안정성이 저해될 수 있음

　손익계산서는 1년간 경영성과를 보여주는 문서로 일정 기간에 기업이 얼마나 벌고 얼마를 쓰고 최종적으로 얼마나 남았는지를 보여주는 회계문서를 말한다. 손익계산서에서 수익과 비용을 표기하는 방법은 업종에 따라서 좀 달라질 수 있지만, 일반적으로 매출액과 매출원가를 차감한 매출총이익에서 판매관리비를 차감하여 영업이익을 표기하고 영업외손익을 고려하여 당기순이익을 표기하는 식으로 구성되어 있다. 손익계산서는 기업의 성적표와 마찬가지라서 매우 중요한데, 손익계산서를 통해서 매출총이익률이나 영업이익률과 같은 수익성 비율 지표나 매출성장률과 같은 성장성 지표, 이자보상배율 등과 같은 지표를 확인할 수 있다.

[손익계산서에서 주로 확인할 수 있는 주요 지표]

지표명	계산방법	설명
매출총이익율	(매출총이익 ÷ 매출액) ×100	매출액에 비해 매출총이익이 얼마나 되는지 측정하는 수익성 지표
영업이익율	(영업이익 ÷ 매출액) ×100	영업이익을 매출액으로 나눈 값으로 영업 활동 전반의 수익성을 나타내는 지표.
매출성장률	(당기 매출-전기 매출) ÷ 전기 매출×100	매출액이 전기 대비 얼마나 성장하고 있는지를 보여주는 성장성 지표
이자보상배율	영업이익 ÷ 이자비용	벌어들인 영업이익으로 이자를 몇 배 갚을 수 있는지. 은행이 중시.

재무제표인 자본변동표는 특정 기간 자본의 변화를 나타내 주는 문서고, 현금 흐름표는 특정 동안의 영업, 투자, 재무 3가지 활동에서 나타난 현금 흐름을 보고하는 문서다. 마지막으로 주석은 본문에 포함되지 않은 회계정책이나 추정의 변경, 재무상태표나 손익계산서의 세부 항목, 우발채무 등 중요한 정보를 상세히 설명하며 재무제표 해석에 필수적인 보조자료 역할을 한다.

신뢰를 구축하는 재무제표 관리전략

사장님들 중에서 기업의 재무제표를 단순히 세무 신고를 위한 것으로 오해하는 경우가 많지만 그렇지 않다. 재무제표는 외부 투자자, 은행, 거래처, 심지어 내부 임직원에게까지 신뢰를 증명하는 공식 문서이자 기업의 언어다. 만약 재무제표가 불투명하거나 의도적으로 왜곡된다면, 단기적으로는 세금을 줄이거나 외부 시선을 피할 수 있을지 몰라도 결국에는 신뢰 상실이라는 큰 대가를 치른다. 한 번 훼손된 신뢰는 투자유치 실패, 금융기관 대출 거절, 시장 내 평판 하락으로 이어질 수 있다.

기업이 장기적으로 성장하기 위해서는 재무제표를 작성하는 수준을 넘어 전략적으로 설계해야 한다. 기업의 현재 상태를 정확하게 반영하는 동시에 미래 투자자나 금융기관에 신뢰를 줄 수 있는 방향으로 관리되어야 한다. 예를 들어, 대표이사 가지급금과 같은 금액이 재무제표에 많아지면 사적 유용이나 횡령으로 간주하여 세무 리스크를 증가시키고, 세법상 불이익을 받게 된다. 이러한 부분에 대한 관리를 계속해서 받는다면 신뢰를 구축할 수 있는 재무제표를 만들 수 있다. 회사 내부에 재무 전문가가 있으면 가장 좋겠지만, 없다고 해서 실망할 것도 없다. 이러한 부분을 잘 챙겨줄 수 있는 회계사나 세무사를 찾아가서 도움을 받으면 된다. 재무제표는 세금을 내기 위한 보고서가 아니라 기업의 미래를 설계하는 전략 도구다. 재무제표 관리전략 수립을 통해 신뢰성 있는 재무제표로 지속 성장의 발판으로 만들자.

현금 흐름 관리 전략 : 현금 흐름을 만들어 회사를 안정적으로 성장시켜라

현금 흐름을 지배하는 자가 사업을 지배한다

회사가 계속해서 이익을 내고 있는데 망하는 게 가능하냐고 물어본다면 어떻게 답하겠는가? '이익을 내는데 회사가 망할 수 있나?'라고 생각할지도 모르지만, 이익을 내고 있어도 회사는 망할 수 있다. 이익을 남기고 있는데, 정작 현금이 없어서, 채무를 이행할 수 없어서 회사가 망하는 것을 흑자 도산이라고 한다.

2006년도 연 매출 3,622억에 영업이익 190억 원, 2007년도 3분기까지 누적 매출 2,623억에 영업이익 93억을 내고 있던 상장회사 주식회사 우영은 2008년 3월 만기도래 약속어음

91.6억을 결제하지 못하여 부도 및 상장폐지 처리되었다. 업력만 약 30년이 넘고, 삼성전자와 같은 대기업의 고정 납품처로 꾸준한 매출을 일으키고 있는 건실한 회사로 알려져 평판이 나 있었는데, 현금이 부족해서 회사가 문을 닫을 수밖에 없었다. 시공능력평가순위 58위의 중견 건설사 신동아건설도 올해 기업회생절차(법정관리)를 신청하면서 흑자 도산 사태에 내몰렸다. 2022년도 매출액 약 5,720억 영업이익 약 62억, 2023년도 매출액 약 7,542억 영업이익 약 182억 원을 냈지만, 2021년 인천 검단신도시 부지에 대한 무리한 투자 및 PF 부실에 따라 자금이 말라서 쓰러지게 된 것이다.

이처럼 현금 흐름을 관리하는 것은 무엇보다 중요하다. 현금 흐름을 제대로 관리하지 못하면 아무리 매출이 높아도 회사를 위기에 빠트릴 수 있다. 현금 흐름을 안정적으로 관리하는 일은 단순하게 통장에 있는 현금을 관리하는 것을 넘어서 불확실한 AI 시대에 살아남기 위한 생존전략이다. 그렇다면, 어떻게 하면 제대로 된 현금 흐름을 만들어내고 관리할 수 있을까?

현금 흐름을 안정적으로 만드는 3가지 무기

현금 흐름을 안정적으로 만들기 위해서 가장 먼저 회사의 변동비와 고정비 구조를 파악하고 고정비 지출 구조를 최적화해야 한다. '고정비(Fixced costs)'란 회사의 매출과 상관없이 매월 발생하는 비용으로, 대표적인 고정비로는 감가상각비, 급여, 사무실 임차료, 차입금 이자, 공과금, 보험료 등을 들 수 있다.

이와 반대로, '변동비(Variable costs)'는 매출의 증가에 따라 증가하는 비용을 말한다. 변동비의 종류는 업종별로 차이는 있지만, 일반적으로 제조원가에 들어가는 원재료, 상품 매입 원가나 판매관리비 중에서 운반비, 포장비, 판매촉진비 등이 있다. 나에게 세무 기장을 맡기고 있는 업체 중 한 곳도 고정비, 변동비 구조를 정확히 파악하고 급격하게 고정비를 줄여서 현금 흐름 창출을 해내고 있다. 온라인 쇼핑몰을 운영하는 업체인데 3PL[31]을 통해서 기존에 사용하던 창고 임차료를 줄이고 택배 관련 인건비도 절감하여 현금 창출 능력을 크게 키웠다. 어떠한 업종이든 내 회사의 상황에 맞는 고정비를 줄이기 위한 포인트를 찾아서 계속해서 개선해 나가면 추가적인 현금 흐름을 만들어 낼 수 있다.

다음으로 매출채권 회수 기간을 단축해야 한다. 매출채권 회수 기간이란 고객에게 제품이나 서비스를 제공하고 매출이 일어나고 나서 고객으로부터 자금을 회수하는 데에 걸리는 평균 기간을 말한다. 매출액을 매출채권평균금액(보통 2년)으로 나눈 매출채권회수율을 다시 365일로 나누면 매출채권 회수 기간을 구할 수 있다. 예를 들어, 매출액이 10억이고 매출채권평균금액이 5억이라고 한다면 매출채권회수율은 2이고(=10억/5억) 매출채권회수기간은 182.5일(=365/2)이 된다. 매출채권 회수 기간이 182.5일이란 의미는 매출이 일어나고 판매 후 자금이 회사로 들어오는 기간이 평균적으로 182.5일이 된다는 의미다. 매출채권 회수 기간을 더 짧게 줄이면 외상으로 있던 금액이 더 빠르게 현금화된다는 의미이므로 현금창출능력이 그만큼 더 생긴다. 매출채권 회수기간을 줄이기 위해서는 일부 대금에 대해서 할인이나 프로모션 정책 등을 통해서 선결제를 유도하거나, 대금결제를 조금 더 빨리해주는 거래처를 찾아 거래처를 다변화하는 식으로 회수 기간을 당기는 노력을 할 수 있다. 업계의 평균적인 매출채권 회수 기간보다 더 회수 기간을 당길 수 있다면, 현금 흐름으로 경쟁력을 가질 수 있다.

마지막으로 현금을 일부 적립하고, 자금 조달 전략을 세워야 한다. 늘 회사에서 풍부한 현금 흐름을 창출할 수 있다면 더할 나위 없겠지만, 사업을 하다 보면 어떠한 상황에 맞닥뜨리게 될지 알 수 없다. 매출의 일정 금액을 별도의 계좌에 세금이나 원자재 가격 변동에 따른 대비용으로 일정액을 적립해 두어서 만일의 사태에 대비해야 한다. 또한, 은행의 대출이 어느 정도 가

능한지 여력을 주기적으로 파악해보고, 은행 이외에도 투자자
나 정책자금 등 다양한 채널로 자금 조달 가능성에 대해서 검
토해야 한다.

돈이 남는 구조를 만들어 회사를 성장시키기

2000년대 초반 미국 스타트업 팻닷컴(Pet.com)은 화려한 슈
퍼볼 광고와 폭발적인 매출 성장으로 주목받았지만, 과도한 마
케팅 비용 탓에 현금이 남지 않았고 흑자도산의 대표사례가 되
었다. 반대로 같은 시기에 아마존은 성장은 느렸지만, 안정적인
현금 흐름 창출을 통해서 금융위기를 넘고 세계적인 기업이 되
었다. 두 기업의 운명을 갈라놓은 것은 바로 '돈이 남는 구조'를
만들었느냐의 차이었다.

돈이 남는 구조를 설계하는 것은 단순히 회계상 이익을 만드
는 것만을 의미하지 않는다. 회사 통장에 현금이 남아 있어야
위기를 버티고 기회를 잡을 수 있다. 코로나19 팬데믹 시기 국
제선 여객 수요가 급격하게 감소하며 대부분 항공사가 적자 전
환이 되고 있던 무렵, 대한항공은 여객기 대신 화물기로 전환하
여 물류 운송 강화를 통해 꾸준한 현금 흐름을 만들어 냈다. 어
떠한 상황 속에서도 현금이 들어오는 길을 만들어 내야 기회를

잡는다.

AI시대에 불확실성이 커지는 만큼, 상황에 따라 투자나 영업 충격에 대비할 잉여 현금 흐름도 항상 만들어 놓아야 한다. 회사가 잘되고 있는데 돈이 안 남는다면, 지금 당장 회사의 전반적인 비용 구조를 점검하고 현금 창출 능력을 키울 수 있는 구조를 설계해라. 돈이 남는 구조로 만들어야 회사를 더 크게 성장시킬 수 있다.

자금유치 전략 : 성장의 타이밍에 자금을 유치하라

자금 유치와 타이밍

삶이든 일이든 타이밍은 매우 중요하다. 막걸리를 담글 때 알맞은 시기를 맞추면 은은한 단맛과 청량한 탄산이 살아나지만, 오래 두면 금세 식초가 되어버린다. 밥을 지을 때도 마찬가지다. 물에 불리는 시간, 불의 세기와 끄는 순간까지 모두 타이밍이 맞아야 고슬고슬한 밥이 완성되지만, 그렇지 않으면 설익거나 타버려 먹을 수 없다.

기업의 자금 유치에 있어서 타이밍은 더없이 중요하다. 경영학의 아버지라고 불리는 피터 드러커는 "사실 타이밍이란 모든 일의 성공에서 가장 중요한 요인이다. 5년 전에 시작했다면 좋앉을 일을 지금에 와서 착수하는 것은 좌절과 실패를 맛볼 수 있는 확실한 처방이나 마찬가지다"라고 말했다.[32]

그렇다면, 언제가 자금을 유치하기에 가장 좋은 시기일까? 가장 좋은 타이밍은 회사가 성장하는 시기다. 성장 곡선이 가파르게 진행되고 있을 때 자금이 회사에 유입되면 돈은 회사 성장을 활활 타오르게 하는 기폭제로서 역할을 한다. 예컨대, 회사의 제품이 시장으로부터 인정받아서 대량생산이 필요한 시기라면 자금을 받기 매우 좋은 타이밍이다. 유입된 자금을 통해서 제품을 대량생산하여 매출과 회사 성장을 극대화할 수 있다. 회사의 서비스가 결제 전환율이 높아서 마케팅 비용에 큰돈을 쓰기 위해서 자금을 유치하는 시기도 좋은 타이밍이다. 이미 결제 전환율이 높다는 것을 확인했기 때문에, 더 많은 마케팅 비용을 지출한다면 더 많은 고객 확보와 매출을 통해 회사를 성장시킬 수 있기 때문이다.

가장 좋지 않은 타이밍은 회사가 더 이상 성장하지 못하고 생존을 위해서 돈을 수혈받는 경우다. 물론 잠재 성장성이 매우 높으나 초기 침체기인 '데스밸리[33]'를 극복하기 위해 자금을 유치할 수는 있다. 하지만, 투자의 대가인 워런 버핏이 말한 것처럼 성장 동력을 잃어서 망해가는 회사에 돈을 투자해서 살아남기란 거의 불가능에 가깝다. 이미 성장성이 없는 상황에서 생존만을 위해 자금을 유치하는 것은 사실상 망하는 기간만 뒤로 미루는 것과 같다.

자금 유치의 종류와 방법

외부로부터 자금을 유치하는 방식에는 어떤 것들이 있을까? 가장 먼저 생각해 볼 수 있는 방법은 대출이다. 대출은 회사의 신용이나 담보를 바탕으로 은행과 같은 금융회사로부터 자금을 빌리는 것을 말한다. 회사의 신용이나 회사가 가진 담보가 좋을수록 더 낮은 이자로 자금을 조달할 수 있다. 대출로 자금을 조달할 때는 부채가 증가하는 것이므로 회사 주주의 지분율에는 영향이 없다.

대출을 받기 위해서는 어떻게 해야 할까? 가장 단순한 방법은 은행을 방문해서 문의해 보는 것이다. 현재 우리 회사가 받을 수 있는 최대한도는 얼마인지, 지금 기준으로 적용 금리는 어느 정도인지 확인해 볼 수 있다. 만약 금리나 대출 한도에 있어서 더 유리한 방법을 찾는다면, 신용보증기금이나 기술보증기금과 같은 곳에서 보증서를 발급받을 수 있으면 좋다. 신용보증기금은 담보 능력이 부족한 중소기업의 채무를 보증하여 금융기관으로부터 원활하게 자금을 지원받을 수 있도록 도와주는 금융기관이고, 기술보증기금은 회사가 가진 기술력을 평가하고 보증하여 금융기관 대출을 받을 수 있도록 지원하는 금융기관이다. 회사가 땅이나 건물과 같은 담보 능력이 부족해도 기술력이 있거나 성장성이 검증될 수 있다면 신용보증기금이나 기술보증기금에서 보증서를 발급받을 수 있다. 그리고 보증서를 은행에 제출하면 더 낮은 금리와 더 높은 대출 한도를 받을 수 있다. 이외에도 정부의 정책자금 대출을 활용하는 방법도 있다. 매년 정부에서는 특정한 목적을 달성하기 위하여 저금리의 정책자금을 제공한다. 소상공인 정책자금과 같은 것들이 정책자금 중 하나다. 이러한 정책자금을 활용하면 시중은행의 일반 대출보다 더 낮은 금리로 자금을 조달할 수 있으므로 이를 활용하는 것도 대출 방법의 하나다.

자금 유치의 또 다른 방법으로, 외부로부터 투자를 받을 수도 있다. 투자는 일반적으로 지분투자를 받는 것을 말한다. 지분투자의 장점은 대출과 달리 갚아야 할 돈이 없다는 것이다. 대신에 주주의 지분율이 더 낮아지거나 희석될 수 있다. 또 대출과 다르게 지분투자의 경우 투자자로부터 경영 의사결정에 대한 간섭이 발생할 수도 있다.

외부 투자를 받기 위해서는 투자를 받는 각 단계(Stage)에 따라 그러한 자금을 제공해 주는 투자자를 만나야 한다. 초기 단계인 시드(Seed)투자 단계[34]에서는 보통 엔젤투자자나 액셀러레이터[35]를 만나고, 이후 투자 단계인 시리즈(Series) A, B, C와 같은 단계[36]에서는 VC[37]를 만나서 투자받는다.

투자자를 만나는 방법은 보통 직접 투자자를 찾아가거나 이메일을 보내는 방식도 가능은 하지만, 이러한 방식으로는 투자가 잘 이루어지지 않는다. 투자받기 위해서는 투자자가 주관하는 데모데이[38]와 같은 행사나 액셀러레이팅 프로그램에 참여해서 내 회사의 사업 아이템을 알리는 것이 중요하다. 이러한 행사에서 내 사업 아이템에 관심이 있는 투자자를 만나서 추가적인 이야기를 나누다 보면 자연스럽게 투자로 이어질 수 있다. 어느 정도 투자가 진행된 단계에 있는 회사의 경우에는 기 투자자가 소개해주는 투자자를 통해서 자연스럽게 투자받기도 한다.

자금 유치 시 고려사항

가장 좋은 시기에 자금을 유치하기 위해서는 가장 먼저 자금 사용 계획이 구체적으로 수립되어 있어야 한다. 그래야 앞으로 얼마나 많은 자금이 필요한지를 알 수 있고, 유치된 자금을 계획에 맞게 효율적으로 사용할 수 있다. 실제로 내가 아는 회사

중 한 곳은 자금 사용 계획과 다르게 초기 투자 시 필요 이상의 투자를 진행하여 대표이사 지분이 매우 낮아져서 추가 자금 유치에 어려움을 겪었다. 정작 추가로 자금이 필요한 시기에 투자자들로부터 외면받게 된 것이다. 대출도 필요 이상으로 받게 되면, 이자 비용만 증가하게 되고 부채비율이 높아져서 추가 자금 유치에 어려움을 겪을 수 있다. 자금 유치 시 정밀하게 계획수립이 필요한 이유다.

또 다른 고려사항은 회사구조를 잘 설계해야 한다는 것이다. 예를 들어, 개인사업자라면 지분투자를 받기 위해 법인전환을 해야 하고, 법인이라면 재무제표에서 자금 유치에 부정적인 이슈들을 제거해야 한다. 전에 한 번 만나 뵈었던 대표님 중 한 분은 투자자로부터 투자를 받고 싶어 하였으나, 개인사업자여서 뜻을 이루지 못하고 시간을 지체하다가 타이밍을 놓쳐 투자유치에 실패하였다.

마지막으로 자금 유치에도 '시간이 소요된다는 점'이다. 생각보다 사장님들이 잘 놓치고 있는 부분인데, 지금 자금이 필요하다고 해서 바로 자금을 구할 수는 없는 법이다. 은행에 대출 심사를 받는 데에도 금액에 따라서 다르겠지만 최소 며칠은 걸리고, 외부 투자자로부터 투자받는다고 한다면 최소 5개월 이상은 소요된다고 보아야 한다. 따라서, 자금이 필요한 시기를 미리 파악하고, 역산하여 그로부터 최소 1년 전부터 자금 유치를 시작해야 한다.

AI의 발달로 인해서 대출 심사나 외부 투자를 진행하는 속도가 더 빨라진 것은 맞지만, 그렇다고 오늘 당장 자금을 구하고 싶다고 해서 '짠'하고 바로 구해지는 게 아니다. 미리 계획을 수립하고 준비하자. 자금 유치에는 오랜 준비와 전략과 적절한 시기를 잘 맞추는 기술이 필요하다.

5.

팔리는 구조를 만들어라
: 마케팅과 브랜딩 전략

마케팅 브랜드 전문가 네트웍 구축 전략
: 마케팅 네트워크의 중요성

> ## 차별화하라, 아니면 사라지게 될 것이다.

하루가 다르게 새로운 제품과 서비스가 쏟아져 나오고 있다. 산 지 얼마 되지 않은 핸드폰은 얼마 지나지 않아서 새로운 모델이 나와 구형이 되어버리고, 얼마 전까지 구독하던 서비스는 더 좋은 서비스로 대체된다. AI 기술 발달로 인해 새로운 제품과 서비스가 출시되는 속도는 더 빨라지고 있다. 예전에는 디자인부터 제작, 패키징까지 일련의 과정을 모두 사람이 했지만, 지금은 여러 사람의 도움 없이 혼자서도 AI를 활용하여 새로운 제품을 출시할 수가 있다. 또한, 개발자만 할 수 있었던 프로그램 코딩의 영역도 원하는 프로그램의 기능을 코딩 AI에 설명해

주면 AI가 새로운 프로그램을 뚝딱뚝딱 만들어 내준다. 넘쳐나는 신제품과 서비스의 홍수 속에서 우리의 제품이나 서비스를 차별화하지 못하면 더 이상 살아남을 수 없는 시대에 우리는 살고 있다.

이전에도 중요했지만, 웬만한 건 AI가 다 하는 시대에 차별화를 만들 수 있는 마케팅은 회사의 필수 전략이다. AI가 단순 반복 작업을 자동화하여 생산성을 향상할 수는 있지만, 인간 고유의 창의성이나 전략적인 사고 그리고 감성적 연결과 같은 마케팅 영역에서 완전하게 사람을 대체하기란 아직 어렵다.

앞으로는 아무리 좋은 제품이나 서비스도 사람들에게 알려지지 않으면, 사라지게 될 것이다. 마케팅은 단순히 포장을 잘하는 것이 아닌, 회사의 생존과 직결되어 있다. 회사의 대표라면 좋은 제품이나 서비스 물론이고, 마케팅 부분에도 더 많은 관심을 가져야만 한다.

고객에게 경험과 이야기를 팔아라

기술의 발달로 가격과 품질에서 차이가 점점 더 좁아지는 경영 환경에서 고객 경험과 브랜드 스토리는 소비자가 지갑을 열게 만드는 결정적 요인이 된다.

안경 브랜드 '젠틀몬스터'는 고객 경험이 브랜드 선택에 결정적인 요인이 된다는 것을 누구보다 잘 보여준 사례다. 보통의 안경매장이라고 하면 안경의 진열과 판매에 초점을 맞추었지만, 젠틀몬스터는 안경이라는 제품이 아닌 고객의 경험에 초점을 두었다. 고객에게 예술적 경험을 제공하기 위해서 매장을 하나의 전시관이자 갤러리로 꾸며놓았다. 특히, 홍대 쇼룸에서 진행한 '퀀텀 프로젝트'는 젠틀몬스터가 추구하는 고객 경험을 잘 보여준 프로젝트였다. 이 프로젝트에서 쇼룸은 전시 공간이지만 1층에서 젠틀몬스터의 그 어떤 제품도 찾아볼 수 없고, 안경을 고르러 들어온 고객에게 거대한 설치 미술과 독창적인 공간 연출을 마주하게 하였다. 또한, 매장은 주기적으로 계속해서 새로운 전시로 바꾸었는데 이를 통해서 고객에게 매번 색다른 감각적인 경험을 제공했다. 이러한 노력의 결과 젠틀몬스터는 고객에게 단순히 안경을 판매하는 브랜드가 아니라 예술적 감각과 특별한 경험을 제공하는 브랜드로 마음속 깊이 각인되었고, 고객으로부터 선택받고 크게 성장할 수 있었다.[39]

아웃도어 브랜드 '파타고니아'는 브랜드가 가지고 있는 이야기의 힘이 얼마나 대단한지를 보여주는 대표적인 사례다. 파타고니아는 '지구를 구하기 위해 존재한다'라는 미션 아래 환경보호의 이야기를 계속 써 내려가고 있다. 이 브랜드가 더욱더 유명해진 이유는 2011년 미국 블랙프라이데이 시즌에 실행한 "Don't Buy This Jacket(이 재킷을 사지 마세요.)" 캠페인 덕분이다. 보통의 브랜드라면 "더 많이 사세요"라고 외치지만, 파타고니아는 이 캠페인을 통해서 가급적 환경을 위해 새 제품을 사지 말고, 제품을 수선하거나 중고 시장을 이용하라고 권장하였다. 이 메시지는 역설적으로 소비자에게 강렬하게 각인되었고, 브랜드 철학과 스토리에 공감한 고객들은 오히려 파타고니아 제품을 더 찾게 되어 매출이 급격하게 증가하였다. 파타고니아는 지금도 환경 보호를 위해서 폐플라스틱 병 및 친환경 소재를 활용한 의류를 제작하고 있으며 매장에 수선실을 운영하고 있다. 또한, 손상된 제품은 몇 년이 지나도 모두 무료로 수선해주는 서비스를 제공하고, 수선 트럭으로 전국 도시를 돌며 파타고니아뿐만 아니라 어떤 브랜드의 의류라도 무료 수선을 해주고 있다. 더 나아가 수익의 10% 또는 총매출의 1% 중 더 큰 금액을 환경 단체에 기부하고 있다. 이러한 노력의 결과, 파타고니아 옷을 사 입는 것은 그냥 옷을 사는 게 아니라 환경을 생각하는 소비자라는 정체성을 표현하는 브랜드로 자리 잡았고, 다른 브랜드와는 차별화하여 계속 성장하고 있다.

AI시대 마케팅 전문가 네트워크

AI의 발달로 마케팅의 효율성이 급격하게 증가하고 있다. AI는 몇 초 만에 광고 문구 수십 가지 만들어 내고, 고객 데이터를 분석해 고객별 맞춤 이미지나 광고 영상까지도 제작해 낸다. 또, AI를 활용하여 광고를 집행하고, 데이터를 분석하고, 자동화도 가능해졌다. 하지만, 브랜드 스토리를 만들고, 차별화된 고객 경험을 제공하여 공감을 끌어내는 것은 결국 사람이 해야 할 몫이다.

혼자서도 이러한 일을 해낼 수도 있지만, 마케팅 전문가 네트워크를 구축하고 활용한다면 더 빠르고, 정교한 마케팅이 가능해진다. 마케팅 전문가 네트워크 구축은 콘텐츠 기획자, 카피라이터, 디자이너, 퍼포먼스 마케팅 전문가, 데이터 분석가, 브랜딩 전문가 등 각 영역에서 전문성을 갖춘 사람들과의 협업체계를 구축하는 것을 말한다. 이러한 네트워크 구축을 통해서 브랜드의 이미지부터 광고 문구의 톤, 그리고 CS 경험에 이르기까지 브랜드 전체를 하나의 경험으로 설계할 수 있다. 앞서 살펴본 젠틀몬스터도 퀀텀 프로젝트에서 수많은 전문가와 협업을 통해서 고객 경험을 설계하였다.

마케팅 전문가는 온라인 검색을 통해서 손쉽게 찾아볼 수도 있고, 요즘은 크몽(Kmong)이나 숨고(soomgo)와 같이 실력 있는 전문가를 찾을 수 있는 플랫폼도 여러 가지가 있다. 만약 일일이 찾기 어렵다면, 마케팅 전문가가 모여있는 브랜딩 전문 회사에 문의하여 마케팅에 도움을 받을 수도 있다.

좋은 제품이나 서비스는 당연히 중요하다. 하지만, 그에 못지 않게 차별화를 위한 마케팅이 중요한 시대에 살고 있다. 제대로 된 제품이나 서비스를 제공하고 있는데 마케팅을 어디서부터 시작해야 할지 잘 모르겠다면, 전문가의 도움을 받아보자. 마케팅 전문가를 통해서 단기적인 광고가 아니라 장기적인 차별화된 브랜드 자산을 구축해보자.

니치(Niche) 선점 전략 : 경쟁자보다 한 발 더 빠르게 움직이는 방법

작지만 강한 시장, 니치 마켓의 힘

'니치 마켓(Niche Market)'이란 경쟁이 덜한 틈새시장을 뜻한다. 여기서 틈새시장은 단순히 작은 시장을 뜻하는 게 아니라, 강력한 충성 고객층을 확보할 수 있는 특화된 영역이다. 원래 '니치'라는 단어는 프랑스어인 'niche'에서 유래되었는데, 'niche'는 '작은 움푹 들어간 공간, 둥지'라는 의미로 자연에서 동물이 둥지를 트는 작은 틈새를 의미한다. 20세기 중반 이후 경영학에서 니치 마켓이라는 용어가 등장하기 시작하였고, 대기업이 커버하지 못하는 세부 수요를 중소기업이나 초기 기업이 공략하는 데에서 니치 마켓이라는 단어가 자주 쓰이기 시작했다.

니치 마켓은 작지만 강한 시장이다. 동물성 원료를 사용하지 않고 동물 실험을 하지 않는 화장품인 비건(Vegan) 화장품을 제작해서 판매하는 시장이나, 신선하고 안전한 최고급 재료를 활용하여 만든 수제 간식이나 건강 기능을 강화한 프리미엄 반려동물 간식 판매 시장은 일반적인 화장품 시장이나 반려동물 식품 시장에 비해서는 작지만 강한 충성 고객층을 확보할 수 있는 니치 마켓에 해당이 된다.

초기 기업일수록 대기업이나 이미 경쟁자가 치열한 시장에서 자리 잡기란 쉽지 않다. 따라서, 니치 마켓을 발굴하고 선점하는 것도 수익성과 경쟁력을 갖추는 좋은 방법이 된다. 특히, 시대 흐름과 맞아떨어지게 되면 니치 마켓에서 시작해서 주류 시장으로 도약할 수도 있다.

대표적인 사례가 고프로(Gopro)다. 서핑 애호가였던 고프로 창업자 닉 우드먼은 자신이 서핑하는 모습을 제대로 찍을 수 있는 작고 휴대하기 쉬운 카메라의 필요성을 느끼고 고프로를 제작해서 니치 마켓인 액션캠 시장을 선점하였다. 고프로가 나오기 전까지만 해도 익스트림 활동이나 스포츠 영역에서 전문 방송 장비가 아니면 아마추어들이 쓸만한 카메라가 없었다. 하지만, 고프로 출시로 서퍼나 스노우보더, 바이커 같은 소수지만 열성 사용자층에서 폭발적인 반응을 일으켰고, 이후에 유튜브 SNS 영상 콘텐츠 붐과 맞물려 주류 시장으로까지 확산이 되었다.

중저가 청소기 시장을 프리미엄 청소기로 공략한 다이슨 (Dyson)도 니치 마켓 사례 중 하나다. 다이슨이 나오기 전까지만 해도 '가전은 싸야 한다', '청소기는 소모품이다'라는 인식이 강했다. 그러나, 다이슨은 이러한 인식을 깨고 프리미엄 가전 시장이라는 니치 마켓에 진입했다. 그 후 청소기뿐만 아니라, 공기청정기, 드라이기까지 확장해서 이제는 주류 가전 시장에 자리를 잡게 되었다.

고객의 숨은 니즈(Needs)를 찾아라

그렇다면 어떻게 니치 마켓을 찾을 수 있을까? 니치 마켓을 찾는 방법은 여러 가지가 있다. 먼저, 고객으로부터 반복적으로 나오는 불평이나 불만을 분석하는 것이다. '해외구매대행업 전문 회계사무소'라는 니치 마켓을 개척한 나의 사례도 사업자의 불만에서 니치를 찾아낸 경우다. 해외구매대행업은 총매출이 아닌 순매출로 인식하여 해외구매대행에 대한 수수료 부분만 매출로 인식해야 한다. 하지만, 이러한 업종의 특성을 제대로 알지 못하고 세금 신고를 해서 세금을 과다하게 많이 내거나, 간이과세자로 남아 있어야 하는 사업자가 일반과세자로 전환되는 문제가 있었다. 또한, 해외구매대행업의 세금은 국세청이 집계하는 매출과 실제 우리가 신고하는 매출이 항상 달라서 해외구매대행업을 하는 사업자는 세무서에 세금 신고 내용에 대해서 항상 소명을 해야 한다는 어려움도 있었다. 해외구매대행업 사업자는 계속해서 늘어나는데, 내가 책 『세금 모르면 해외구매대행업 절대로 하지 마라』를 쓰기 이전까지만 해도 이러한 것들을 잘 알고 제대로 대응해주는 회계사무소가 잘 없어서 불만을 가진 해외구매대행업 사업자가 많았다. 이러한 불만 분석을 통해서 해외구매대행업 전문 회계사무소라는 니치 마켓에 진입하였고, 그 결과 해외구매대행업 사업자를 우리의 세무 기장 고객으로 많이 모을 수가 있었다.

니치 마켓을 찾는 또 다른 방법으로는 키워드 검색량이나 다른 데이터에 기반하는 방식이 있다. 키워드 데이터를 찾는 방법은 구글 트렌드[40]나 네이버 데이터랩[41]과 같은 사이트를 이용하면 된다. 이 사이트에서 '왼손잡이 전용 가위'나 '아이 네일아트 제품'과 같은 키워드를 찾아낼 수 있을 것이다. 나에게 세무 기장을 맡기고 있는 업체 중 한 곳은 전동 채칼을 판매하고 있다. 채칼은 채소나 과일 등의 재료를 얇게 썰거나 채를 써는 데 사용하는 도구를 말하는데, 일반적인 채칼은 칼날이 내장된 플라스틱판 형태로 되어 있어서 사람이 손으로 잡고 당근이나 감자와 같은 채소를 밀어서 사용한다. 채칼 시장은 대표적인 니치 마켓이다. 이 대표님은 해외구매대행업을 하면서 이러한 전동 채칼이 잘 팔린다는 데이터를 확보하여 이제는 본인이 직접 OEM 생산과 판매를 하고 있다.

그 밖에도 해외에서 유행하는 트렌드를 벤치마킹하는 방법도 있을 수 있는데, 예를 들어, 일본이나 미국에서 유행하는 아이템인데 아직 한국에서 확산하기 전이라면 이를 남들보다 빠르게 들여와서 니치 마켓을 공략할 수 있을 것이다.

AI가 알려주는 숨은 블루오션

AI가 발달한 요즘과 같은 시대는 니치 마켓을 더 찾기 쉬운 환경이다. 챗GPT(Chat GPT)와 같은 생성형 AI에 접속하여 최근 사람들이 관심을 많이 가지는 키워드에 관해서 물어볼 수도 있고, AI 도구를 활용하여 SNS 자료를 수집하고 요약 및 분석도 가능하다. 예를 들어, 유튜브와 같은 SNS에 최근 자주 올라오는 영상을 AI로 분석하여 최신 트렌드를 감지하고 이를 통해 사람들에게 필요한 제품이나 서비스가 있는 니치 마켓으로 진출할 수 있다.

AI를 활용하면 과거보다 더 세밀하고 세분된 니치 마켓을 찾아낼 수도 있다. AI 기반 데이터 분석을 통해 소비자의 행동, 패턴, 검색기록, 구매 이력 등을 정밀하게 분석하여 특정 취미, 소수 문화, 연령대 특화 제품이나 서비스를 AI로 파악해 초정밀 맞춤형 제품이나 서비스 제공도 가능하다. 최근 편의점 업체인 GS25는 AI 기반 피부 진단 서비스를 도입 테스트하고 있는데, 편의점에 설치된 기기에 이용자가 화면 앞에 얼굴을 비추면 카메라가 피부의 명도, 채도, 색온도와 함께 눈, 코, 입술, 등 얼굴형을 AI가 정밀 분석하여 퍼스널 컬러를 진단하고 해당 톤에 어울리는 색조 화장품, 메이크업과 헤어, 액세서리 스타일까지 함께 개인 맞춤형으로 제안해준다고 한다.

'니치 마켓은 작은데, 얼마나 수익을 올릴 수 있겠어?'라고 가볍게 생각할 수 있지만, 나에게 세무 기장을 맡기시는 사장님 중에서는 단일 품목으로 니치 마켓에서 20억 이상 매출을 올리시는 분도 있다. 니치 마켓은 작은 시장이라도 절대로 무시할 수 없는 강한 시장이다.

이제는 AI를 통해서 1인 기업, 소기업도 충분히 시장성 있는 니치 마켓을 찾아내고 진입할 수가 있다. 또한, 특화된 시장만 잘 찾아낸다면 얼마든지 혼자서도 경쟁자보다 더 우위에서 사업을 할 수가 있다. 과거에는 원가 문제로 대량생산만 가능했지만, 이제는 맞춤 생산을 하더라도 기술적으로 원가를 획기적으로 줄이는 것이 가능하기 때문이다. AI를 잘 활용하여 니치 마켓을 찾아내고 진입해보자. 시작은 미미할지라도, 끝은 창대하리라.

페인포인트 공략 : 고객의 불편을 돈으로 바꾸어라

고객의 숨은 불편을 찾아내라

비즈니스는 고객에게 제품이나 서비스를 제공하고 이를 돈으로 바꾸는 것을 기본으로 한다. 그러한 제품이나 서비스가 고객이 가지고 있는 불편을 해결해 주거나, 고객이 가진 불만을 해소해주는 것이라면 더 강력한 힘을 지닌다. 사람들은 불편하던 점을 개선해주는 제품이나 서비스에 더 쉽게 지갑을 열기 때문이다.

비즈니스에서 페인포인트(Pain Point)란 고객이 경험하는 문제나 불편함을 말하는 용어다. 이러한 불편에는 제품의 기능적인 결함이나 기능 부족과 같은 부분뿐만 아니라, 비효율적인 절차, 불필요한 시간 낭비를 통해 고객이 느끼는 부정적인 감정도 포함될 수 있다.

페인포인트를 찾기 위한 대표적인 방법은 고객 설문 조사나 인터뷰다. 예를 들어, 냉장고를 구해 후 집에 설치하는 서비스를 이용 후 전화나 온라인 설문지를 통해서 회사는 각종 정보를 수집한다. 설치된 제품은 만족스러운지, 제품의 설치과정에서 설치 서비스는 불만이 없었는지 등 고객의 숨은 불편을 찾아내기 위해 노력한다. 또 다른 방법으로는 고객 후기 중에서 불만 사항들을 분석해 볼 수도 있다. 고객은 물건이나 서비스를 구매하고 나서 그 이용에 따른 경험을 후기로 남기는데, 이러한 후기들을 분석하여 페인포인트를 찾아낼 수도 있는 것이다. 그밖에도 신문 기사나 다른 정보를 취합하여 지금 사람들이 느끼고 있는 불편 사항들을 알아낼 수도 있다. 지금은 없어서 불편하지만 새롭게 생기면 좋겠다고 생각하는 제품이나 서비스들에 대해서 다양한 정보 취합을 통해서 알아낼 수도 있다.

페인포인트를 잘 해결해 낸다면 다양한 측면에서 이점이 많다. 먼저, 새로운 비즈니스 모델을 만들어 내거나 기존의 매출을 크게 상승시킬 수 있다. 페인포인트를 해결하는 자체가 새로운 비즈니스 모델이 될 수도 있고, 기존의 제품이나 서비스에서 페인포인트를 개선하여 매출을 크게 상승시킬 수도 있을 것이다. 예를 들어, 카카오T와 같은 택시 호출 서비스도 사람들의 불편을 해결한 경우다. 이전까지만 해도 택시를 부르려면, 택시 회사에 전화하거나, 길에서 한참 동안을 서서 언제 올지도 모르는 택시를 막연히 기다려야만 했다. 게다가 일부 택시의 경우에는 승차 거부를 하는 일도 있었는데, 택시 호출 서비스는 이러한 고객의 불편을 개선하여 새로운 비즈니스 모델을 만들어 냈다. 또 다른 이점으로 기존에 가지고 있던 페인포인트를 해결하면 고객 만족도를 높이고, 기업의 충성고객을 확보할 수 있고, 더 나아가 페인포인트 해결이라는 긍정적인 경험을 한 고객이 많아지면 제품이나 서비스의 재구매율도 끌어올릴 수 있다는 이점이 있다. 회사에 어떠한 불만 사항을 말했는데, 회사가 이를 반영하는지 아닌지 고객은 민감하게 반응한다. 회사가 이러한 불만 사항을 빠르게 접수하고, 적극적으로 대응하면 고객 만족도가 높아지고 충성고객으로 만들 수가 있다.

불편을 돈으로 바꿔라

페인포인트를 제거하여 돈으로 바꾼 사례는 수도 없이 많다. 배달의민족도 고객의 불편을 해결해 사업화한 사례 중 하나다. 배달의민족이 나오기 이전에는 음식 배달을 시키려면 전화로 주문해야만 했다. 전화 주문을 하게 되면 메뉴 전달이 잘못되거나 통화 중이면 음식을 주문하지 못하였고, 주로 현금결제만 되는 불편함이 있었다. 배달의민족은 이러한 부분을 모바일 앱 기반으로 간편 주문이 가능하게 하여 고객이 쉽게 주문하고, 결제할 수 있도록 바꾸었고, 이를 통해 고객을 많이 확보하여 엄청나게 돈을 벌었다.

쿠팡의 로켓배송도 고객의 불편을 해결하고 돈을 번 사례다. 오프라인 쇼핑의 경우 물건을 구매하면 바로 가져갈 수 있지만, 온라인 쇼핑의 경우 로켓배송이 나오기 전에는 일반 택배가 2~3일 이상 소요되거나 배송이 지연되면 물건을 바로 받을 수 없다는 불편함이 있었다. 이러한 문제점을 해결하기 위해 쿠팡은 '쿠팡맨'을 도입하고, 전국에 물류센터를 구축하여 당일 주문한 건에 대해서는 다음날 배송이 되는 로켓배송 서비스를 시작하였다. 이를 통해 기존에 배송이 2~3일 이상 걸리는 것에 대한 불편 사항을 해결하고 엄청나게 돈을 벌게 되었다.

AI 시대, 페인포인트의 해결

AI의 발달은 데이터로 페인포인트를 읽어내고 시장 기회를 포착하는 것을 더 빠르게 만들어 줄 것이다. 지금까지 설문 조사나 직접 인터뷰를 통해서 이러한 데이터를 취합하고 분석하였지만, LLM(대규모 언어 모델)과 같은 머신러닝 기술을 활용하여 온라인상에 나타난 대량의 후기나 SNS 기록을 분석하고 고객 불만과 관련된 키워드를 자동으로 탐색하고 추출할 수도 있을 것이다.

페인포인트를 해결하는 방식도 더 개인화, 세분화할 수 있을 것이다. 지금까지는 개인의 페인포인트 중 공통적인 부분을 추출하여 해결하였다고 한다면, AI를 활용하여 개인화된 맞춤형 페인포인트 해결책을 제시할 수도 있다. 더 나아가서 AI를 통해 고객의 불편에 대해서 사전에 모니터링하고 예측하여 고객이 불편을 느끼는 시간을 줄이거나, 고객이 불편을 겪기 전에 사전적 대응도 가능할 수 있다.

AI가 발달한 요즘과 같은 시대에도 새로운 페인포인트는 계속해서 생길 것이다. 반대로, AI를 통해 과거에는 해결에 많은 자원이 필요하거나, 이전에는 쉽게 해결하기 어려운 문제도 해결할 수도 있게 될 것이다. 하지만, AI가 발달해도 불편한 점을 찾아내고, 해결해 나가는 과정에서 돈을 번다는 점에서 비즈니스의 본질은 변함이 없다. 고객의 숨은 불편을 찾아내라. 그리고 불편을 돈으로 바꿔라.

재구매 전략 : 재구매가 일어나는
고객 흐름 설계 방법

한 번 팔고 끝낼 것인가? 진짜 돈을 버는 재구매

전체 결과의 80%가 전체 원인의 20%에서 일어나는 현상을 파레토 법칙이라고 한다. "이탈리아 전체 부의 80%를 이탈리아 인구의 20%가 가지고 있다"라고 주장한 이탈리아의 경제학자 빌프레도 파레토에서 이름을 따온 이 법칙은 실제 사업영역에서도 상당히 잘 들어맞는 편이다. 예를 들어, 전체 매출의 80%를 차지하는 상품은 전체 상품의 20%인 경우라든지, 전체업무의 80%를 20%의 뛰어난 직원이 수행하는 등이다. 고객에있어서도 이러한 법칙은 어느 정도 적용된다. 실제 매출을 차지하는 고객군을 분석해 보면 매출의 상당 부분이 재구매 고객의

20~30%에서 나오기도 한다.

사업의 모든 것이 파레토 법칙처럼 무조건 8:2로 수렴하는 것은 아니지만, 실제 사업을 해보면 재구매 고객에서 매출의 상당 부분이 창출되는 것을 자주 볼 수 있다. 신세계백화점이나 현대백화점, 롯데백화점과 같은 대형 백화점 브랜드도 고객의 등급을 나누고 더 높은 등급을 가지고 있는 고객에게 더 집중하는 것도 재구매 고객이 매출의 상당 부분을 차지하고 있기 때문이다.

재구매 고객을 유지하는 것은 많은 이점을 지닌다. 먼저, 마케팅 비용이 신규 고객을 확보하는 것보다 적게 들어간다. 이미 경험이 있는 기존 고객에게 다시 구매를 유도하는 게 새로운 고객을 설득하는 것보다 시간과 비용이 적게 소요되기 때문이다. 또한, 재구매 고객은 우리 제품과 서비스에 대한 신뢰가 높으므로 안정적으로 반복 구매를 통해 지속적인 매출과 수익 증대가 가능해진다. 게다가 만족도가 높은 재구매 고객은 주위에 지인들에게 우리의 제품과 서비스를 추천하여 신규 고객 확보에도 도움이 된다.

나에게 세무 기장을 맡기는 업체들의 매출을 분석해봐도 대부분 재구매 고객이 매출의 상당 부분을 차지하고 있다. 진짜 돈을 벌고 지속적인 성장을 이루어 내기 위해서는 한 번 판매로 그칠 게 아니라, 재구매를 통한 지속 성장의 선순환 구조를 만들 수 있어야 한다.

고객을 다시 돌아오게 하는 비밀

그렇다면, 어떻게 고객이 재구매를 하도록 만들까? 신규 고객은 구매 의사결정에 도달하기까지 상당히 다양한 고민과 비교를 바탕으로 '구매'라는 결론에 이르게 되는데, 구매 여정의 단계별로 만족도를 극대화하는 것이 중요하다. 구매 여정을 살펴보기 위해서 고객이 온라인쇼핑몰에서 사과를 구매하는 상황을 가정해보자. 가장 먼저, 고객이 사과를 사기 위해서 온라인에 '사과'라는 단어를 검색해 보거나 각종 블로그 후기나 광고 또는 지인 추천 등을 통해서 사과를 판매하는 쇼핑몰에 유입된다. 이후, 상세 페이지에 있는 내용을 꼼꼼하게 읽어보고, 이미 구매한 사람들의 후기도 보고, 다른 사과를 판매하는 업체와 가격 비교도 해볼 것이다. 그런 다음 여러 가지 고민과 비교 끝에 구매 의사결정을 내리게 된다. 구매한다고 끝이 아니다. 구매 후 사과를 집으로 받아보고 상품을 살펴보고, 먹어보고 나서 맛이 어떤지까지 평가하여 후기를 작성하고 다시 재구매할지 결정한다. 이러한 과정을 요약해보면 다음과 같이 요약할 수 있다.

[고객의 구매 여정]

단계	설명
1단계 : 인지 단계	고객이 우리 쇼핑몰의 제품 또는 서비스를 처음 알게 됨.
2단계 : 탐색 단계	가격이나 품질 후기, 배송, 사은품 여부 등을 다른 쇼핑몰과 비교함.
3단계 : 구매 단계	장바구니에 담고 결제함.
4단계 : 경험 단계	실제 받은 제품의 포장 상태나 배송 속도를 확인함.
5단계 : 피드백 단계	맛이나 크기, 신선도 등에 대해서 경험하고 리뷰를 남김.
6단계 : 재구매 결정 단계	다음에 재구매를 할지 고민함.

1단계인 '인지 단계'에서는 처음 우리의 제품과 서비스를 알게 되므로 첫 노출에서 브랜드의 신뢰감이나 강한 임팩트를 주는 게 중요하다. 예를 들어, 사과라고 한다면 친환경 농법을 통해서 생산하고 있다는 내용이나 산지 직송을 한다는 내용 등을 상세 페이지에 넣어서 고객에게 차별화 포인트를 각인할 수 있다.

2단계인 '탐색 단계'에서는 좋은 후기와 가격이 중요하다. 다른 쇼핑몰보다 가격이 월등히 비싸면 그러한 이유에 대해서 완

202

벽하게 고객을 이해시키지 못할 경우 판매가 어렵다. 따라서, 시장조사를 통해서 가격대를 비슷하게 맞추거나, 고객이 좋은 후기를 작성하도록 유도해서 리뷰관리를 잘해야 한다.

3단계인 '구매 단계'에서는 할인쿠폰이나 적립금 지급으로 다음 구매를 유도할 수 있다.

4단계인 '경험 단계'에서는 첫 경험이 좋아야 재구매로 이루어질 가능성이 매우 커지므로 사은품을 준다든지, 배송이나 포장 상태에 좀 더 신경을 많이 써야 한다.

5단계인 '피드백 단계'에서는 제품의 품질이 당연히 기본 이상은 되어야 하고, 구매 후기를 작성하면 적립금 제공을 통해서 재구매를 유도할 수 있다.

지금까지 살펴본 1~5단계가 모두 완벽하게 만족스러운 경우 재구매 확률이 급격하게 상승하게 될 것이다. 반대로, 고객이 구매하고 경험을 하는 전 과정에 있어서 어느 하나라도 불만족스럽다면 재구매 확률이 크게 낮아질 수 있다. 따라서, 재구매율을 높이기 위해서는 단계별로 세세한 부분까지도 신경을 써야 한다.

CRM과 AI를 활용한 재구매 설계

재구매율을 높이기 위해서 앞서 살펴본 구매 의사결정 단계별로 고객 만족도를 높이는 작업은 일일이 직접 할 수도 있지만, CRM(Customer Relationship Management)과 같은 시스템의 도움으로 자동화할 수도 있다. CRM이란 기업이 고객 및 잠재 고객과 모든 상호작용을 관리하고, 분석하며, 개선하는데 사용하는 전략기술 도구를 말한다. CRM은 고객의 자료를 수집, 분석하여 개인화된 마케팅 메시지를 전달하고, 자동화된 캠페인을 통해 고객의 재구매를 촉진하는 시스템이다. CRM을 도입하면 장바구니에 제품을 담고 결제를 잊은 고객에게 리마인더를 보낸다든지, 특정 제품의 주기적 재구매에 맞춘 알림을 보내거나 과거 구매 이력 기반으로 맞춤형 프로모션을 제공하는 등을 미리 시나리오를 설정하여 자동화할 수 있다. 예를 들어, 사과 구매를 한 고객에게 CRM을 통해서 30일 뒤에 자동으로 재구매 유도 메시지를 보내도록 설정해 놓으면, 내가 일일이 신경 쓰지 않아도 재구매를 유도할 수 있다.

최근에는 AI가 고객의 피드백을 자동으로 분류하고, 감정까지 분석하여 초개인화된 마케팅 메시지를 보낼 수 있는 AI를 활용한 CRM도 등장했다. 특정 상황에 놓인 고객군을 대상으로 메시지를 보내는 게 아니라, 개별 고객에게 맞춤형 메시지를 보내어 고객의 구매 여정에 있어서 만족도를 높이고 재구매율을 더 증가시키는 방식이다.

과거든 오늘날 AI 시대든 사업에서 팔리는 구조와 지속 성장을 만들기 위해서는 고객으로부터 재구매를 일으켜야 한다는 점은 변함이 없다. AI 도구와 CRM을 통한 자동화된 재구매 고객 창출을 만들어 보자. AI를 잘 활용한다면 더욱더 세밀하고 섬세한 재구매 고객을 만들어 낼 수 있을 것이다.

브랜딩 전략 : 어떻게 고객의 마음에 포지셔닝 할 것인가?

고객의 마음속 자리를 선점하기

여러분은 '코카콜라'라는 브랜드를 들어보면, 어떤 생각이 떠오르는가? 먼저, 빨간색과 흰색이 조합된 로고 이미지가 떠오르기도 할 것이고, 코카콜라를 마셨을 때의 그 탄산과 맛이 생각나기도 할 것이다. 또, 코카콜라를 최근에 같이 마신 사람들이나 무더위에 시원한 콜라로 갈증을 해소한 경험이 떠오를 수도 있다.

이처럼 브랜드란 단순히 로고나 상표 이미지를 의미하는 것이 아니라, 고객이 느끼는 감정적 가치, 제품의 품질과 같은 경험의 집합을 의미한다. 위키백과에 따르면 , 브랜드(brand)는 어떤 경제적인 생산자를 구별하는 지각된 이미지와 경험의 집합이며, 보다 구체적으로는 어떤 상품이나 회사를 나타내는 상표, 표지이며, 숫자, 글자, 글자체, 간략화된 이미지인 로고, 색상, 구호를 포함한다.

하지만 단순히 이미지만 멋지게 만들어 낸다고 해서 그것을 브랜드라고 부르진 않는다. 브랜드 만드는 작업인 브랜딩은 고객의 마음속에 어떠한 이미지를 자리 잡기 위한 방법이고 수단이다. '나이키=도전과 승리', '애플=혁신과 디자인'처럼 소비자가 특정 브랜드를 떠올릴 때 자동으로 연결되는 이미지가 바로 브랜딩을 통한 포지셔닝의 결과다.[42]

브랜딩은 선택이 아니라 고객으로부터 선택받기 위한 생존 전략이다. 고객이 기억하지 못하는 제품과 서비스는 선택받지 못한다. 특히나, 매일 매일 경쟁자로부터 새로운 서비스와 제품이 끝없이 생산되고, 가격 경쟁도 끝이 없는 요즘 시대에는 브랜딩이 더욱더 중요하다. 브랜딩을 하지 못하면, 차별화할 수도 없고 시장에서 비교우위를 점할 수도 없다. 반대로 브랜딩을 통해 차별화된 경험과 가치를 고객에게 제공할 수 있다면, 시장에서 가격우위를 가져가서 경쟁자보다 더 비싼 가격으로 제품이나 서비스를 판매할 수도 있고, 충성고객을 만들어 지속적인 성장을 만들어 낼 수 있다.

생존과 성장을 결정하는 브랜딩

브랜딩을 하기 위해서는 가장 먼저 우리의 '정체성(Identity)'
이 무엇인지를 설정해야 한다. 고객이 우리를 어떤 키워드로 기
억하길 원하는지, 경쟁사와 대비해서 차별화된 포인트는 무엇
인지를 정할 필요가 있다. 애플(Apple)은 '혁신'과 '심플함'을 브
랜드 정체성으로 삼는다. 신제품 발표회나 광고, 제품디자인에
서 혁신적인 라이프스타일을 강조하는 것도 이런 이유다.

정체성을 정했다면, 다음으로 일관된 메시지로 고객과 소통
하는 것이 필요하다. 광고 메시지나 디자인, SNS 콘텐츠 등 모
든 방면에서 브랜드가 전하는 이미지를 일관되게 설명해야 한
다. 예를 들어, 가구 전문 기업 이케아(IKEA)는 '가성비 있는 북
유럽 라이프스타일 가구'라는 메시지를 광고, 카탈로그, 매장에
서 일관되게 전달하여 소비자에게 이케아 하면 실용적이고 가
성비 좋은 가구라는 것을 떠올리게 만든다.

마지막으로 고객이 직접 이를 긍정적으로 경험하고 느끼게
해줘야 한다. 리츠칼튼 호텔은 '신사 숙녀를 모시는 신사 숙녀
들(Ladies and Gentlemen serving ladies and gentlemen)'이라는 슬로
건을 통해 고객을 존중하고 최상의 서비스를 제공하는 것을 브
랜드 핵심 가치로 삼고 있는데, 고객 한 명 한 명에게 개인화된

서비스를 제공하며, 이를 통해 잊을 수 없는 경험을 선사하는 것을 목표로 하고 있다. 고객이 이 호텔에 투숙하여 긍정적인 경험을 통해 브랜드의 가치를 인식하게 되면, 다음에도 다소 가격이 비싸더라도 다시 이 호텔을 선택하게 된다.

브랜딩의 동반자 AI

앞으로는 AI로 인하여 브랜딩의 방식에도 큰 패러다임의 변화가 있을 것으로 보인다. 기존에는 브랜드 메시지를 일방적으로 회사가 설계하고 전달하는 방식이었다면, 앞으로는 AI를 통해 개인의 취향과 행동 패턴을 분석하고 개인별 맞춤형 브랜딩이 가능해질 것이다. 또한, 이전까지는 인적, 물적 자원을 어느 정도 갖춘 회사만 자체적인 브랜딩이 가능했다면, 앞으로는 AI를 활용하여 규모가 작거나 심지어는 1인 회사도 충분한 브랜딩이 가능해질 것이다. AI를 통해서 브랜드 영상이나 이미지를 제작하는 비용도 크게 낮아지고 더 빨리 제작할 수 있게 되기 때문이다.

이전에는 없었던 AI를 활용한 브랜딩에 대한 부작용도 있을 수 있다. 미국의 뉴욕시는 '마이시티(MyCity) 챗봇'으로 뉴욕시민에게 사업 운영 관련 법률 정보를 제공했지만, AI가 가짜 정보를 제공하여 이로 인해서 문제가 된 사례도 있다.[43] 잘못된 정보 제공이나 조작된 내용을 전달하는 것은 브랜드 신뢰성을 크게 훼손할 수 있으므로 주의가 필요하다.

과거나 지금이나 브랜딩이 중요하다는 점은 변함이 없다. 하지만 더 중요한 것은 '알맹이'다. 겉을 아무리 화려하게 꾸며도, 속이 비어있다면 아무런 의미가 없다. 반대로 아무리 좋은 제품과 서비스를 제공하고 있어도 이것을 제대로 외부에 알리지 못하면 가치를 창출해 낼 수 없다. 제대로 된 제품이나 서비스를 보유하고 있다면, AI를 활용하여 브랜딩을 해보자. 이전보다 더 크게 성장할 길이 눈앞에 있다.

팬덤 기반 커뮤니티 구축 전략
: 적극적인 소통으로 팬덤을 만들어라

팬덤의 힘, 왜 지금 더 중요한가?

2025년도 주목해야 할 소비트렌드 중 하나는 '팬본주의'다. 팬본주의란 팬(Fan)과 자본(Capital)의 합성어로 팬덤(Fandom)[44]이 특정 브랜드를 적극적으로 지지하고 소비하는 트렌드를 말한다. 이러한 팬본주의는 열성 지지층을 뜻하는 팬(Fan)과 경제를 뜻하는 이코노미(economy)의 합성어인 팬코노미의 한 부분이다.

팬덤이라는 단어는 원래 가수나 아이돌 배우와 같은 연예계를 중심으로 통용되던 용어였다. 하지만, 이제는 그 팬덤 문화가 단순히 제품을 구매하는 데 그치지 않고, 콘텐츠를 적극적으

로 창작하고, 유통하며, 소비를 주도하는 새로운 경제주체의 주
역으로 자리 잡았다.[45]

　우리의 제품이나 서비스에 팬덤을 형성하는 것이 중요한 이
유는 팬덤의 규모는 일반 고객보다 작더라도 이들이 SNS와 같
은 채널을 통해 자발적으로 브랜드를 홍보하고, 신규 고객을 만
들어 낸다는 점이다. 팬덤을 갖춘 제품, 서비스는 마케팅 비용
을 절감하고 신규 제품을 출시할 때도 이미 기존의 고객을 확
보해두었기 때문에 매출과 같은 성과를 기본적으로 만들어 낼
수 있다. 특히나 팬덤은 브랜드나 제품에 대한 감정적인 유대와
공감을 바탕으로 하므로 제품과 브랜드에 맹목적인 충성심과
열정적인 지지를 보낸다.

　이러한 팬덤이 돈이 되는 것은 시대 변화와 맞닿아 있다. 같
은 가수나 드라마에 열광하던 이전과 다르게 개인의 취향이 과
거보다 극도로 세분화 되었고, 이러한 세분화된 개인의 취향을
만족시켜줄 수 있는 유튜브나 인스타그램, 틱톡과 같은 다양한
플랫폼들이 등장했다. 이제는 연예인이 아니어도 특정 영역에
서 자신만의 팬덤을 확보할 수 있는 시대가 열린 것이다.

팬덤을 만드는 소통의 마법

팬덤을 만드는 가장 중요한 것은 소통이다. 나에게 기장 거래처를 맡기고 있는 사장님 중에도 적극적인 소통을 통해 팬덤을 형성하여 사업을 이어 나가는 분이 있다. 이 사장님은 인스타그램과 같은 SNS 채널에서 공동구매를 해서 돈을 벌고 있는데, 대부분은 이 사장님을 좋아하고 응원하는 팬들로부터 매출을 일으킨다. 이렇게 팬덤을 만들기 위해서 자신의 SNS에서 사람들과 적극적으로 소통하고 상대방의 의견에 피드백하고 있다.

소통의 방법에는 여러 가지가 있다. 다음 카페나 네이버 카페에서 글을 쓰고 댓글을 통해서 소통하는 방법도 있고, 네이버 밴드(Band)라는 모바일 앱에서 관심사가 같은 사람들끼리 모여서 소통하기도 한다. 또 유튜버나 인스타그램에 영상을 올리고 이와 관련된 댓글로 소통하기도 한다. 실제로 나의 고객 중 한 사장님은 해외구매대행업과 관련된 프로그램을 만들고 이와 관련된 강의를 하는데, 네이버 카페를 통해서 초기에 많은 고객을 모아서 매출을 만들어 냈다. 팬덤을 만드는 소통의 도구는 여러 가지가 있지만, 팬을 갑을 관계가 아닌 동반자 관계로 인식하고 적극적인 소통 그리고 피드백을 해준다는 점에서 소통만 잘 된다면 어느 도구든지 차이가 없다.

AI 시대, 팬덤 비즈니스의 진화

KG모빌리티(구 쌍용차)는 가수 임영웅을 모델로 내세워 G4 렉스턴 판매량을 지난달 같은 기간보다 53%가 증가시켰다.[46] 쌍용차에 따르면 다른 모델인 코란도와 티볼리 역시도 지난달 같은 기간 대비 32%, 44% 증가시켰다고 한다. 일반적인 고객을 넘어서 팬덤을 모은다면, 비즈니스 성장의 핵심 엔진으로 만들어 낼 수 있다.

다만, 팬덤에도 주의해야 할 것이 있다. 팬덤 자체가 감정적인 유대에 기반을 두고 있으므로 팬들을 이용하려고만 한다거나, 팬들의 목소리를 무시하면 쉽게 비판적으로 돌변할 수도 있다는 점이다. 팬과 진심 어린 소통 없이 단순히 돈벌이 수단으로만 생각한다면 오히려 역효과만 만들어 낼 수 있다.

AI의 등장으로 팬덤 비즈니스도 진화하고 있다. AI 도구들은 팬 하나하나의 취향을 분석하고 더 개인화된 경험을 제공할 수 있도록 설계해 줄 것이다. 이를 통해 더 충성도 높은 팬층을 확보할 수 있을 것으로 보인다. 그뿐만 아니라, AI 도구를 통해 자동화, 지능화 기술로 팬과 더 적극적인 소통을 만들어 낼 수도 있을 것이다.

　인공지능 시대에 가장 중요한 점은 일부 연예인만 형성할 수 있었던 팬덤을 이제는 누구나 만들 수 있는 시대가 열렸다는 점이다. 다양한 플랫폼과 AI를 활용하여 누구나 소통하고 팬덤을 구축할 수 있다. 아직도 나의 제품이나 서비스를 알릴 소통 채널이 없다면, 지금 바로 시작해보자.

6.

지속 성장의 루틴을 만들어라
: 빠른 실행과 리스크 관리 전략

수치화 전략 : 수치화할 수 없으면 관리될 수 없다

리스크 관리의 핵심, 수치화

현대 경영학의 아버지로 불리는 피터 드러커(Peter Druker)의 사상을 요약한 표현 중에 "측정할 수 없는 것은 관리할 수 없고, 관리할 수 없는 것은 개선할 수 없다"라는 말이 있다. 이 관점은 리스크 관리에서도 예외가 아니다. 기업이 마주하는 리스크를 단순히 말로써 설명해서는 제대로 대응할 수 없다. 위험의 크기와 정도, 회사에 미치는 영향을 수치로 파악해야만 그 중요도를 판단하고 우선순위를 정할 수 있고 적절한 대응 전략을 수립할 수 있다. 예를 들어, 단순히 '회사에 부채가 많다'라고 말하는 것보다 '부채비율이 200%다'라고 수치화되어야 한다는 것이다. 단순히 회사에 부채가 많다고 말하는 것은 이것이 얼마나 중요한지, 어떻게 부채가 관리되어야 하는지에 대한 아무런 통찰을 주지 못한다. 하지만 수치화된 부채비율은 경쟁회사나 동일 업종에 비해서 과도하게 높은 수준인지, 회사의 부채비율을 어떻게 하면 더 낮출 수 있을 것인지 등과 같은 명확한 목표설정과 대응 전략 수립을 가능하게 한다.

실제로 수많은 기업이 위험을 측정하고 수치화하여 관리하고 있다. 은행이나 보험, 증권과 같은 금융업에서는 거래 상대방에게 자금을 빌려줄 때 신용도 하락이나 부도로 인한 신용리스크를 측정하여 대출을 실행한다. 원자재를 수입하여 제조하는 업체의 경우에는 수입 원자재 가격 변동에 대한 리스크를 측정하고 선물계약이나 장기계약을 통해 위험을 분산하기도 한다. IT 서비스 기업의 경우에는 서버가 다운될 때 시간당 평균 매출 손실 발생액을 계산하여 이를 근거로 백업 서버나 이중화 시스템에 투자 여부를 결정하기도 한다.

어떻게 수치화할 것인가?

그렇다면, 어떻게 리스크를 수치화할 것인가? 리스크를 수치화하는 방법에는 여러 가지가 있다. 가장 먼저, '기대값 분석

(Expected Value)' 방법이 있다. 기대값 분석 방식은 발생할 수 있는 리스크를 나열하고 각 리스크의 발생 확률과 발생 시 예상되는 손실을 곱하여 각 리스크의 금전적 영향을 수치화하는 것을 말한다. 예를 들어, 우리 회사의 리스크를 분석해 보니 리스크A, 리스크B, 리스크C가 있다고 가정해보자. 리스크A는 발생할 확률이 20%이고 발생하게 되면 손실이 1억이라고 한다면, 리스크A의 기대손실은 2천만 원(1억x20%)이 된다. 리스크B는 발생확률이 40%이고 발생 시 손실이 1천만 원이면, 기대손실은 4백만 원(1천만 원x40%)이 된다. 리스크C는 발생 확률이 5%이고 발생하게 되면 손실이 5억이라고 한다면 기대손실은 2천5백만 원(5억x5%)이 된다. 이를 표로 정리하면 다음과 같다.

[표] 기대값 분석을 통한 리스크 측정

위험종류	발생확률	발생시 예상손실(원)	기대손실(원)	우선순위
리스크A	20%	100,000,000	20,000,000	2순위
리스크B	40%	10,000,000	4,000,000	3순위
리스크C	5%	500,000,000	25,000,000	1순위

기댓값 분석에 의한 리스크 측정에 따르면, 발생 확률이 40%인 리스크 B가 가장 먼저 처리해야 할 리스크같이 보이지

만, 실제 발생했을 때 손실이 가장 큰 것을 고려한다면, 발생확률이 가장 낮은 리스크 C부터 처리해야 한다는 결론을 얻을 수 있다. 이처럼 측정을 할 수 있으면, 어떤 리스크부터 처리해야 하는지 우선순위를 정할 수도 있어 관리할 수 있다.

리스크를 측정하는 또 다른 방법은 민감도 분석(Sensitivity Analysis)이 있다. 민감도 분석은 여러 가지 변수 중 특정 변수가 변할 때 전체 결과에 얼마나 민감하게 영향을 주는지를 분석하는 것을 말한다. 예를 들어, 수출을 주로 하는 기업의 경우에는 환율이 1% 상승한다면, 매출이 얼마나 증가하는지, 반대로 환율이 1% 하락한다면 매출이 얼마나 감소하는지를 민감도 분석을 통해 알 수 있다. 또 차입금이 많은 기업의 경우에는 변동금리 이자율이 1% 상승이나 하락에 따른 이자 비용의 증감 여부를 민감도 분석을 통해서 파악할 수 있다.

또 다른 방법으로는 시나리오 분석을 통해서 리스크를 측정할 수도 있다. 발생할 수 있는 여러 시나리오를 설정하고, 시나리오 분석은 시나리오별 리스크의 발생 확률과 영향을 평가하여 전체적인 위험 수준을 파악하는 것을 말한다. 낙관적인 상황이 펼쳐졌을 때, 비관적인 상황이 펼쳐졌을 때 각각의 확률과 시나리오별 손실을 통해 리스크를 진단할 수 있다.

그 밖에도 확률적인 통계 모델링을 만들어서 미래의 결과를 예측하는 방법이나 설문이나 전문가 의견 등을 수치화하여 객관적인 비교 지표로 리스크를 수치화하는 방법도 있다.

AI 기술과 리스크 관리의 진화

앞에서 살펴본 여러 가지 방법의 공통점은 리스크를 측정하고 수치화한다는 점이다. AI 기술의 발달도 이러한 리스크를 측정하고 수치화하는 데 큰 영향을 주고 있다. 민감도 분석이나 시나리오 분석에서 AI를 활용하면 한두 가지 변수가 아니라 동시에 수천 개의 변수를 고려할 수 있고, 리스크 시나리오를 개선할 수도 있다. 또 AI를 활용하면 일부 데이터가 아니라 방대한 전수 데이터를 기반으로 리스크를 실시간 모니터링하고 위험 신호를 조기 탐지하는 것도 할 수 있게 된다. 그뿐만 아니라, AI 기술을 통해 더 정밀하고 실시간 리스크 관리도 할 수 있다.

더 나아가서 앞으로 리스크 관리의 목표는 사후 관리보다는 예측을 바탕으로 리스크를 사전에 대응하는 것으로 진화할 듯하다. AI를 활용하면 데이터를 바탕으로 시나리오를 예측하고, 시뮬레이션을 통해 선제 대응을 가능하게 하기 때문이다.

AI 시대에 무엇보다 중요한 것은 리스크 측정에 대한 대표의 마인드다. 리스크를 측정하고 수치화하는 도구들은 계속해서 쏟아져 나오겠지만, 최종 의사결정은 대표가 책임지고 수행해야 한다. 리스크를 측정하고 수치화해서 관리하겠다는 대표의 마인드가 없다면, 회사는 언젠가 위기에 빠질 수밖에 없다. 회사의 위험을 관리하고 싶다면, 지금 당장 위험을 식별하고 수치화해 보아라. 측정할 수 없는 것은 관리할 수 없다.

빠른 실행 전략
: Just Do it !

Just Do It, 그냥 해!

온라인에 돌아다니는 유명한 영상 중에서 피겨여왕 김연아 선수의 "그냥 해"라는 게 있다. PD가 김연아 선수에게 '무슨 생각을 하면서 스트레칭을 하는지'에 관해 물어보는데, 김연아 선수는 어이없는 표정을 지으며 "무슨 생각을 해, 그냥 하는 거지"라고 답하는 영상이다. 김연아 선수 이외에도 개그맨 박명수나 배우 유해진 등 여러 연예인도 그냥 해라는 답변으로 유명해진 영상이 온라인에 많이 돌아다닌다.

사람들은 무언가를 시작하기 전에 완벽한 실행을 위한 준비와 고민하는 데 시간을 많이 할애한다. 하지만, 우리가 알고 있는 대부분의 성공 뒤에는 오랜 고민보다는 빠르게 실행하며 시행착오를 개선해서 이룩한 성공이 더 많다. 초창기의 페이스북은 "Move Fast and Break things(빠르게 움직이고, 과감하게 부숴라.)"라는 철학을 가지고 완벽한 플랫폼이 되기보다는 빨리 기능을 출시하고, 사용자 반응을 보고 수정하는 방식으로 성장했다. 세계적인 공유숙박 플랫폼 에어비앤비도 마찬가지다. 에어비앤비도 초기부터 시간을 많이 할애하여 공유숙박을 할 사업자를 모집 후 사업을 전개해 나가는 방식이 아니라, 자신들의 아파트 거실을 임시 숙소로 내놓고 사람들의 반응을 살피는 빠른 실행으로 성장했다.

'장고(長考) 끝에 악수를 둔다'라는 말이 있다. 바둑에서 나온 말인데, 오래 심사숙고해서 내린 결정이 결국 좋지 않은 결과를 가져올 수 있다는 의미다. 사업에서도 마찬가지다. 오래 고민해서 내린 사업상 판단이 좋지 않을 때가 많다. 대표가 잘될 거라고 오래 고민한 아이템도 시장에서는 반응이 없을 수 있다. 실행해보지 않는다면, 속된 말로 이 아이템이 시장에서 먹히는 것인지 아닌지 알 수가 없다.

실행에도 기술이 있다

물론 액션이 중요한 건 맞지만, 무작정 실행해서는 안 된다. 실행에도 전략과 방향이 필요하다. 가장 먼저 실행에 필요한 자원이 어떻게 되는지 파악해야 한다. 서비스를 출시한다면 서비스 출시에 필요한 시간과 개발비용은 얼마나 드는지 파악해야 하고, 시제품을 만들어 본다면 최소한 시제품 제작에 들어가는 비용은 얼마나 들어가는지를 산출해 보아야 한다. 실행에 너무 많은 자원이 들어간다면 실패했을 때 손실 또한 매우 커지게 되므로, 초기 기업일수록 주의해야 한다.

그다음으로, 플랜B를 세워보는 것도 실행에 도움이 된다. 무조건 '이번에 실패하면 끝이다'라는 절박한 마음가짐은 사업에 도움이 될지 몰라도 모든 자원을 All-In 해서 실행하는 방식은 사실상 도박에 가깝다. 오히려, 복싱에서 카운터 펀치를 날리기 전에 가벼운 잽을 날려보듯이 가볍게 여러 가지 방식으로 빠르게 시도해 보는 게 사업의 성공확률을 더 높일 수 있다.

마지막으로 데이터 기반의 검증을 하는 것도 중요하다. 빠른 실행만 하고 검증하지 않으면 시행착오만 늘어날 뿐 개선되지 않는다. 따라서, 빠르게 실행하고 데이터로 검증을 통해 즉시 개선 방식을 한다면, 시행착오를 최소화해 가면서 성공할 수 있다.

AI 시대, 속도가 곧 생존이다

나에게 세무 기장을 맡기고 있는 업체 중에서 빠른 실행전략으로 급격하게 성장을 하는 업체가 있다. 이 업체는 소프트웨어 개발 및 교육 사업을 하고 있는데, 처음 나와 만났을 때는 본점이 지방에 있었다. 사업이 점점 커지자 더 우수한 개발자나 인력이 필요했고, 계속 고민만 하지 않고 바로 본점을 서울로 옮기면서 좋은 인재를 채용했다. 채 2~3년도 안 되는 시기에 연 매출 14억 정도 하던 회사가 지금은 연 매출 100억을 바라보고 있을 만큼 성장했는데, 여기에는 빠른 판단과 실행이 주요했다고 본다.

앞으로는 AI를 잘 활용한다면 회사의 실행 속도를 몇 배 빠르게 만들어 줄 것이다. 챗GPT(Chat GPT)와 같은 AI를 활용하면 수많은 정보를 단 몇 초 만에 취합할 수 있고, 구글애널리틱스(Google Analytics)와 같은 분석 도구를 통해서 데이터를 검증하고 분석하고, Power BI 등과 같은 데이터를 시각화해 주는 기술은 의사결정의 시간을 더 줄여줄 수 있다.

경쟁자가 AI를 활용해 1개월 걸릴 일을 1주 만에 해내는데, 나는 가만히 있으면 뒤처질 수밖에 없다. 빠르게 실행하고 시행착오를 줄이는 것은 회사의 리스크를 줄이고 지속 성장을 할 수 있는 길을 만드는 전략이다. 오래 고민했는데, 잘 안된다면 시간만 날리는 게 돼버린다. 아직도 망설이고 고민만 하고 있는가? 일단 시작하자. 시작이 반이라는 말처럼 빠른 실행이 곧 회사의 생존과 경쟁력을 좌우하게 될 것이다.

경쟁자 대응 전략
: 경쟁의 위기를 바꾸는 방법

경쟁자의 역습, 회사를 흔드는 도전

사업의 기본적인 목적은 '수익'을 창출하는 것이다. 수익을 창출하기 위해서는 다른 회사보다 더 나은 서비스나 제품을 제공해야만 한다. 따라서 사업에는 경쟁이 필수적인 요소다. 경쟁의 관점에서 볼 때 사업은 마치 끝없는 마라톤을 뛰는 것과 같다. 내가 뛰고 있는 순간에도 경쟁자는 숨을 고르며 나를 따라붙고 있고 바로 앞에서는 이미 새로운 경쟁자가 속도를 올리고 있다. 잠시라도 페이스를 늦추면 순식간에 추월당한다.

경쟁자의 가장 쉬운 공격은 바로 '가격 인하'다. 내가 판매하는 가격보다 경쟁 제품이 10%~20%만 가격을 내려도 내 매출은 타격을 입는다. 또 유사 제품을 출시하여 나의 고객을 뺏어가기도 한다. 브랜드의 차별화가 약하면, 소비자는 비슷한 제품 중 더 저렴한 제품에 곧장 흔들린다. 여기에 고객 경험 혁신도 경쟁자의 위협 중 하나다. 라이브커머스나, 당일배송과 같은 새로운 채널이나 유통 서비스는 시장의 기준을 바꾸며 내가 가지고 있던 우위를 무너뜨린다. 오프라인에서도 경쟁은 끊임없이 일어난다. 동네에 잘되는 카페가 있으면, 얼마 지나지 않아 근처에 다른 브랜드의 커피전문점이 우후죽순 생긴다. 음식점을 개업했는데 잘되면, 기가 막히게 그걸 알고 다른 음식점이 바로 근처에 들어온다.

사업이 잘되고 있어도 경쟁으로 인한 스트레스는 필연적이다. 실제로 나에게 세무를 맡기고 계신 사장님 중 연 매출 30억을 올리고 계신 사장님, 80억을 올리고 계신 사장님께 다 물어봐도 '혹시 경쟁 업체 때문에 이번 달 매출이 혹시 좀 빠지진 않을까?' 하는 늘 걱정을 안고 사업을 하고 계셨다. 사업을 하는 내내 경쟁자로부터의 시장점유율, 마진, 브랜드에 대한 공격과 압박은 끊임이 없다. 그렇지만, 좀 더 현명하게 이 어려움을 헤쳐나갈 방법은 없을까?

지피지기(知彼知己), 위협을 막는 최선의 방패

손자병법에는 '지피지기면 백전불태(知彼知己 百戰不殆)'라는 말이 나온다. 상대를 알고 나를 알면 백번 싸워도 위태롭지 않다는 의미다. 당연한 이야기 같이 들리지만, 경쟁자로부터의 위협에 대응하기 위해서는 상대방과 나를 잘 아는 게 중요하다. 경쟁 업체가 어떤 무기를 쓰고 있는지, 어떤 약점을 가졌는지 잘 알지 못한다면 제대로 된 대응 방안을 마련하기 어렵다. 또 우리의 강점과 약점도 정확하게 알고 있어야만, 어떤 도전에도 흔들림 없이 대응할 수 있다. 예를 들어, 경쟁 업체가 가격 인하를 한다고 생각해보자. 나의 경쟁력과 상대방의 경쟁력에 대한 철저한 분석이 밑바탕 되어 있다면, '우리도 같이 가격을 낮출 것인가?' 아니면 '차별화된 서비스나 기능을 제공할 것인가?', 만약 차별화된 서비스를 제공한다면 '경쟁 업체로부터 가격 인하에 얼마나 대응할 수 있는가?' 등과 같은 전략적인 대응계획을 수립하고 경쟁 업체의 가격 인하 정책에 대응할 수가 있다.

경쟁자가 유사 제품을 출시하는 때도 마찬가지다. 비슷한 기능과 디자인의 유사 제품이 출시되면, 우리 제품이나 서비스의 경쟁력 있는 요소를 정확하게 파악하고 이를 계속해서 강화하거나 특허나 디자인 등록을 통해서 진입장벽을 구성할 수도 있다.

AI를 활용하여 경쟁의 위기를 기회로 바꾸자

이제는 경쟁자 대응 전략을 수립하는 단계에서 AI는 빼놓을
수 없는 요소 중 하나가 되고 있다. 경쟁자에 대한 분석에 오랜
시간이 걸렸던 과거와 달리 AI를 활용한다면 상대방에 대한 실
시간 분석도 가능해지고 있기 때문이다. 예를 들어, 온라인 쇼
핑몰에서 경쟁자가 가격을 수정하면, AI가 실시간으로 이를 분
석하고 내가 판매하고 있는 제품의 가격을 자동으로 조정하여
대응할 수 있다. 또한, AI를 잘 사용하면 시나리오 분석을 통한
예측과 이를 바탕으로 경쟁 업체에 대한 선제 대응도 가능하다.
예를 들어, 경쟁자가 가격을 10% 인하하면 우리 매출에 미치는
영향은 어떠한지, 이때 고객 이탈이 가장 큰 영역은 어디인지
AI를 활용하여 시나리오 분석을 하고 이를 바탕으로 대응 전략
을 미리 세울 수 있다.

AI의 활용은 경쟁자의 위협을 실시간 또는 사전에 조기 파
악할 수 있는 수준으로 끌어올릴 수 있다. 주식시장에서도 이미
알려진 리스크는 주가에 영향을 주지 않는 것처럼, 위협을 알
고 있다면 대응 방안 수립이 가능하므로 두려울 게 없다. 오히

려 리스크를 기회로 바꾸는 전략적인 판단이 가능해진다. 사업을 하는 내내 경쟁의 압박에서 완벽하게 자유롭기란 쉽지 않겠지만, AI를 잘 활용하여 나와 상대방에 대한 철저한 분석과 사전에 리스크를 파악해보자. 이 방법으로 경쟁자의 위협을 오히려 기회로 바꿀 수도 있을 것이다.

수익구조 다변화 전략
: 수익구조 다변화로 위험을 줄여라

수익구조 다변화를 통한 리스크 헷징 전략

　요즘은 옷 브랜드로 알려진 코닥(Kodak)은 원래 카메라와 필름을 생산하는 속된 말로 잘 나가는 글로벌 기술회사였다. 1888년 세계 최초의 롤 필름을 생산하여 사진 촬영의 대중화에 크게 이바지한 코닥은 한때 글로벌 필름 시장 점유율을 90%, 카메라 시장 점유율 85%라는 압도적인 기록을 가진 글로벌 강자였으나, 기존 수익구조에 안주하다가 결국 파산에 이르게 되었다. 심지어 코닥은 디지털 카메라를 최초로 발명했지만, 필름 중심의 수익구조를 다변화하지 않고 버티다가 사업의 위기를 맞았다.

사업에 있어서 수익구조를 다변화하는 것은 위험 관리 측면에서 매우 중요하다. 항상 잘될 것 같은 사업 아이템도 시대의 흐름과 변화 속에서 부침을 반복한다. 한 가지 수익원에 너무 의존도가 높으면, 그 수익원에 위기가 오면 회사 전체가 흔들릴 수 있지만, 다양한 수익원을 가지고 있으면, 한 가지 수익모델에서 손실이 발생해도 다른 수익 모델에서 만회할 수 있다. 따라서, 잘되고 있는 사업에서 뿜어져 나오는 현금 흐름을 바탕으로 또 다른 수익 파이프라인을 만들기 위해서 연구하고 노력해야 한다.

어떻게 수익구조를 다변화할 것인가?

수익모델 다변화는 기존의 자산과 역량을 바탕으로 새로운 현금 흐름을 창출하는 것을 의미한다. 수익구조 다변화 방법에는 여러 가지 것들이 있는데, 먼저 기존 제품이나 서비스와 연관하여 인접 분야로 확장하는 수평적 다변화 방법이 있다. 코카콜라는 탄산음료에서 시작하여 주스, 생수, 커피 브랜드까지 확장하였다. 이러한 방식은 기존에 코카콜라가 가진 기술, 생산 능력, 유통망 등의 핵심 역량을 활용할 수 있어서 기존의 제품과 시너지를 창출할 수 있다. 공급망의 앞부분과 뒷부분을 통합하는 수직적 다변화도 수익구조를 다변화시키는 방법의 하나다. 홍삼 제품을 판매하는 정관장이 대표적인 수직적 다변화의 예다. 제품 원재료인 인삼을 재배하는 농가부터 자체적인 원료 가공 설비를 갖추고 홍삼 제품을 제작한다. 또, 판매단계에서 브랜드 매장을 운영하는 방식으로 판매하고 있다. 와인(Wine)을 판매하고 있는 사업자가 와인 농장을 구매하여 와인의 원재료인 포도를 공급하는 것이 수익구조를 수직적으로 다변화하는 방식의 또 다른 예다.

수익구조 다변화의 또 다른 접근방식으로는 기존 고객에게 더 많은 가치를 제공하는 방식이 있다. 예를 들어, 기존 고객이 구매하는 상품과 연관성이 높은 상품을 함께 판매하는 교차판매(Cross Selling)나 기존 제품이나 서비스를 더욱 개선하여 고급형이나 프리미엄 제품이나 서비스를 제공하는 업셀링(Up Selling)도 하나의 방법이다. 교차판매는 렌터카 이용 시 아이를 위한 카시트나 유모차 대여 서비스를 제공하는 것을 예로 들 수 있다. 업셀링은 맥도날드에서 일정 금액을 추가하면 사이즈를 업그레이드해주는 것이나 온라인 서비스에서 기본 요금제에 일정 금액을 추가하면 프리미엄 기능을 제공하는 것과 같은 방법을 말한다.

그 밖에도 개인 고객만 상대하던 비즈니스를 기업 고객 대상으로 전환하거나, 국내 시장에서만 판매하던 물건을 글로벌 시장에서 판매해 볼 수도 있다. 또, 지적재산권이나 브랜드 자산을 활용할 수 있다면 이를 바탕으로 교육, 콘텐츠, 굿즈 판매 등과 같이 새로운 수익원을 개척하여 수익원을 다변화할 수도 있을 것이다.

AI를 활용한 수익구조 다변화 전략

수익모델의 다변화에 있어서 가장 중요한 것은, 무작정 확장하는 것이 아니라 기존에 내가 가지고 있던 자원과 시너지가 나는 방향이 되어야 한다는 점이다. 아무런 시너지 없이 새로운 것만 추가한다면 물과 기름처럼 수익구조를 다변화할 수 없다.

새로운 수익원을 발굴하고 이를 실행하고 검증하는 데 있어서 AI가 도움이 될 수 있다. 예를 들어, 수직적 수평적 다변화를 시도하기 전에 수익구조 다변화 이후의 시장 상황에 대해서 시나리오 분석과 예측을 해볼 수 있다. 또한, AI를 통해 손쉽게 다국어로 자동 번역 및 현지화하여 국내 고객을 대상으로 판매하던 제품을 글로벌 고객을 대상으로 판매해 볼 수도 있다. 교차판매나 업셀링에 따른 효과성을 AI가 분석하고 자동으로 고객 자료를 수집하여 최적인 대안을 제시해 줄 수도 있을 것이다.

안정적인 수익원이 있다고 거기에 만족해서는 안 된다. 오히려 그 수익원을 바탕으로 또 다른 수익원을 찾아내는 데 온 힘을 집중해야 한다. AI는 단순히 기존 수익원을 효율화하는 도구가 아니라, 새로운 수익모델을 발견하고 빠르게 확장해 나갈 수 있는 엔진이다. AI를 잘 활용하여 새로운 수익원을 발견해 보자

충성고객 이탈 방지 전략
: 충성고객으로 리스크 돌파하기

충성고객이 왕이다

사업을 계속 성장하는 데 충성고객의 역할은 무척이나 중요하다. 연구 결과에 따르면, 신규 고객을 유치하는 것보다, 기존 고객을 유지하는 것이 5배나 더 비용이 적게 든다고 한다.[47] 비용도 적게 들지만, 단골손님은 반복적으로 우리 제품이나 서비스를 구매해줘서 안정적인 수익 창출을 해주고, 자발적으로 주위 지인들에게 우리 제품이나 서비스를 홍보해주는 역할도 한다. 기존 고객이 실제로 수익성에 얼마나 큰 영향을 미치는지에 대한 연구를 살펴보면, 기존 고객 유지율(Retention rates)을 5%만 높여도 기업의 수익성을 25%에서 최대 95%까지 향상할 수 있다고 한다.[48] 신규 고객을 끊임없이 쫓는 것보다, 기존 고객을 붙잡는 전략이 실제로도 훨씬 수익성이 더 높다는 것을 보여준다.

지금도 많은 기업이 신규 고객 창출에 더 목숨을 건다. 신규 고객을 만드는 것도 당연히 미래의 충성고객을 만들기 위한 일이므로 매우 중요하지만, 기존 고객을 어떻게 유지할지에도 더 많은 에너지를 쏟아야 하는데 이를 간과할 때가 많다.

충성고객을 경쟁사에 빼앗기는 순간, 단순히 매출이 줄어드는 게 아니라 평판 악화, 시장점유율 하락과 함께 브랜드 신뢰의 붕괴라는 리스크가 발생하게 된다. 기존 고객을 지키는 것은 생존전략이자 리스크를 예방하는 전략이다.

충성고객을 만드는 4가지 방법

충성고객은 어떻게 만들 수 있을까? 수많은 브랜드와 제품이 넘쳐나는 시대에 고객이 자발적으로 우리의 제품과 서비스를 다시 이용하게 만들기 위해서는 정교한 전략이 필요하다.

먼저, 일관된 고객 경험을 제공해 주어야 한다. 음식을 판매하는 곳이라면 여러 번 방문하더라도 일관된 맛을 느끼게 해주어야 하고, 온라인 쇼핑몰이라면 고객센터 응대부터 배송, 포장에 이르기까지 일관된 서비스를 제공해 주어야 한다.

그다음으로 중요한 것은 가치 공감과 소통이다. 단순히 제품이나 서비스를 판매하는 것이 아니라, 우리 회사의 철학과 가치를 고객과 소통하고 공감해야 한다. 국민 가게로 불리는 다이소(DAISO)는 '가격 대비 최고의 가치를 갖는 상품과 서비스를 제공하겠다'라는 철학을 기반으로 합리적인 가격과 편리한 접근성, 신뢰받는 품질로 충성고객을 만들어 냈다.

적극적인 보상시스템을 도입하는 것도 충성고객을 만드는 방법의 하나다. 적립금이나 멤버십, 지인 추천 리워드와 같은 혜택을 제공하면 고객의 유지율을 계속 끌어올리는 데 도움이 된다. 회원을 등급별로 구분하고 높은 등급의 고객에게 더 많은 혜택을 주는 것도 보상시스템 중 하나다. 백화점 업계에서는 이러한 방식을 적극적으로 도입하고 있는데, 롯데백화점에서는 최근 연간 구매 최상위 777명에게 '에비뉴엘 블랙' 등급을, 신세계백화점에서는 최상위 구매 고객 999명에게 '트리니티' 등급을, 현대백화점에서는 연간 1억 5천만 원 이상 구매 고객에게 '자스민 블랙'이라는 등급을 부여하고 있다. 높은 등급을 가진 고객에게 더 많은 서비스를 제공해 주는데 실제로 전체 매출 중에서 VIP가 차지하는 비중이 매우 크기 때문이다.[49]

마지막으로 불편을 없애는 것도 충성고객 만들기에 중요한 사항이다. 불편한 사항을 해결하지 못하면 충성고객으로 남아 있기 어렵다. 커피 하나를 사러 가도, 결제가 불편하거나 주차가 불편하다면 다시 그 가게에 방문하지 않게 된다. 커피만 잘 만들면 된다고 쉽게 생각할 수 있지만, 고객은 생각보다 세세한 부분까지도 구매 의사결정에 반영한다는 점을 꼭 유념해야 한다.

AI를 활용한 충성고객 만들기

충성고객을 만들기 위해서는 좋은 제품이나 서비스는 물론이고 고객의 마음조차 읽어내야 한다. 아무리 제품이 좋더라도 환경을 오염시키는데 일조하는 제품이면 구매하지 않게 되고, 아무리 좋은 서비스라도 불편하거나 불친절하면 다시 받으러 가지 않는다.

AI는 이러한 충성고객을 잡는 데 있어서 세세한 부분까지도 설계하고 전략을 세우는 데 도움을 준다는 점에서 탁월한 도구가 될 수 있다. 예를 들어, 개인화된 추천 시스템을 통해 충성고객을 유치할 수 있다. 여행 종합예약 플랫폼 '마이리얼트립(Myrealtrip)'에서는 최근 AI를 활용하여 여행상품에 대한 개인화된 추천 정보를 요약 제공해 주고 있다. 예를 들어, 만 2세 아이와 부부가 여행을 간다고 여행 인원(아이가 있다면 아이 나이)과 날짜, 그리고 여행지를 설정하고 여행상품 검색 버튼을 누르면 검색에서 나온 숙소가 만 2세 아이와 같이 가기 적합한 숙소의 특징을 요약해준다. 내가 필요한 정보를 일일이 블로그나 온라인에서 찾아보지 않아도 한눈에 내게 맞춤형 정보를 제공해 주므로 계속해서 이 플랫폼을 쓰게끔 만드는 것이다.

AI 챗봇을 이용하면 24시간 고객 응대가 가능해져서 불만 사항을 늦은 저녁 시간에도 불편 처리가 가능하다. 이러한 적극적인 불편 해결 방법은 긍정적인 고객 경험으로 이어져 충성고객 만들기에 도움을 줄 수 있다.

그 밖에도 AI를 통하여 고객별로 구매 이력, 방문 빈도, 장바구니 이탈 패턴 등을 분석해 충성고객 그룹에는 프리미엄 혜택을 제공하거나 이탈률이 높은 고객 그룹에는 맞춤형 쿠폰이나 리마인드 메시지를 제공하여 충성고객으로 만들 수도 있다.

충성고객을 만드는 것은 회사를 지속 성장시키고 회사의 리스크를 줄이는데 탁월한 방법의 하나다. 지금까지 감에 의존해서 충성고객을 만들었다면 이제는 AI를 활용해보자. 더욱더 정교한 방식으로 회사의 성장과 리스크 최소화에 도움을 줄 것이다.

법률, 세무 리스크 대응 전략
: AI시대 전문가의 자질

법률, 세무 리스크와 사업

얼마 전 한 사장님으로부터 전화를 받았다. 전화 주신 사장님이 운영하는 회사 직원이 다른 협력사 직원과 다툼이 발생했다는 연락이었다. 이 부분에 도움을 줄 수 있는 전문가를 알고 있는지 나에게 물어보셔서 이러한 부분에 대해서 잘 아는 변호사님을 소개해 드렸는데, 회계사무소를 운영해 보면 생각보다 이런 전화를 받는 경우가 종종 있다.

사업을 하면 생각보다 많은 일들이 터진다. 여러 가지 일들이 많지만, 그중에서도 법률적인 문제나 세무 리스크는 바늘과 실처럼 사업에 늘 따라다니는 리스크다. 여러 리스크 중에서 법적인 문제나 세무적인 문제는 발생하기 전에 사전적으로 예방하는 게 가장 좋다. 일단 발생하고 나면, 간단하게는 해결이 안 되는 문제가 될 수도 있고, 해결이 되더라도 막대한 시간과 돈을 써야 하는 경우가 많다. 특히 심할 때는, 법률적인 리스크나 세무적인 리스크로 사업을 접어야 하는 경우가 발생할 수 있다. 내가 아는 사장님 중 한 분도 컨설팅 업체로부터 고용증대세액공제 경정청구를 받았다가, 사후관리를 못 해서 돌려받은 세금을 다시 환수 조치를 당했는데, 갑작스럽게 큰돈을 내야 해서 회사 운영에 막대한 어려움에 부닥친 걸 본 적이 있다.

물론 법률적인 문제나 세무적인 문제가 아예 발생하지 않을 수도 있다. 내 경험에 비추어볼 때 이러한 위험에 노출되지 않았다는 것은 보통은 사업 기간이 짧거나 아니면 회사의 규모가 작은 경우가 대부분이다. 사업을 계속하는 동안에는 법적인 문제와 세금으로부터 완벽하게 자유롭기란 쉽지 않다.

어떻게 예방할까?

가장 좋은 예방법은 전문가와 가깝게 지내는 것이 좋다. 법적인 부분은 변호사가 담당하고, 세금이나 회사의 전략적인 의사결정에는 회계사가 도움을 줄 수 있다. 회사의 중요한 의사결정에

앞서서 가깝게 지내는 변호사에게 법률적인 도움을 구하고, 세금과 사업적인 부분에 대해서는 회계사에게 조언을 구한다면 법률적인 부분과 세무적인 리스크를 최소화할 수 있게 될 것이다.

법률전문가를 가깝게 두는 방법의 하나는 자문 변호사를 두는 것이다. 지금 회사가 운영하는 사업이 법적인 위험 요소가 많은 영역이라면 매월 자문료를 내더라도 해당 업종의 전문변호사를 두는 것도 방법이 된다. 예컨대, 건설업을 운영한다면 변호사 자문을 통해서 '중대재해처벌법'이나 '산업안전보건법'과 관련 법률 자문이나 안전, 보건 의무 이행 검토를 수시로 받아 볼 수 있을 것이다.

세무전문가를 가깝게 두는 방법은 내 회사의 세무 기장을 맡기는 것이다. 회사의 업종별로 일정 매출 규모가 넘어가면 복식부기 의무자가 된다. 복식부기 의무자는 회계전문가가 아니라면 일반적으로 장부 작성이 불가능하므로 회계사나 세무사에게 기장을 맡겨야 한다. 도매 및 소매업은 직전 연도 매출 3억 이상, 제조업이나 숙박 및 음식점업은 직전 연도 매출 1.5억 이상, 서비스업이나 부동산 임대업의 경우에는 직전 연도 7천 5백만 원 이상이면 복식부기 의무자에 해당한다.

물론 매월 자문료를 내거나 기장료를 내지 않더라도 문제가 발생할 것으로 보이면, 전문가를 찾아가서 상담받아야 한다. 대부분 문제는 발생하고 나서 수습하는 것보다 발생하기 전에 조치한다면 훨씬 더 리스크를 줄이거나 문제가 생기지 않게 할 수 있다.

어떤 전문가를 만날까?

AI 발달로 산업이나 경제환경의 변화가 급격하게 일어나고 있다. 이러한 변화에 대응하기 위해서는 전문가도 아무나 만나서는 안 된다. 아주 진부하게 들릴 수도 있지만, 전문가를 선정할 때 중요한 것 중 하나는 단언컨대 끊임없이 연구하고 공부해서 진화하는 전문가를 만나야 한다는 것이다. 아무리 전문가라도 기존에 시험공부 할 때 지식만 가지고 있는 전문가를 만나면 새로운 환경변화에 적극적으로 대처할 수 없다. 새로운 플랫폼, 새로운 기술, 새로운 분야에 대해 끊임없이 연구하고 탐구하는 전문가를 만나야 법률적인 문제나 세무적인 리스크에도 충분한 대응이 가능해진다. 가장 최근에 '스테이블코인'과 관련하여 나에게 도움을 요청하신 대표님이 계셨다. 국내에서는 아직 입법조차 제대로 되어 있지 않은 상황이지만, 미국에서는 지니어스법(GENIUS Act)가 통과되어 미국 내 스테이블코인 발행과 유통을 규제하는 법안이 통과되어 있다. 이 대표님께서는 국내에서도 스테이블코인 법안이 이미 발의가 되어 있고, 분명히 통과될 것으로 보고 미리 원화스테이블 코인에 대해 비즈니스를 준비하고 계신 상황이었다. 이미 스테이블코인이 무엇인지, 어떤 작동원리로 운영이 되는지, 지금 스테이블 코인과 관련하여 진행되고 있는 과정에 대해서 잘 알고 있었던 터라 복잡한 설명을 나에게 할 필요 없이 필요한 부분만 자문을 드렸었다. 지금 새로운 기술을 가지고 이전에는 없던 새로운 비즈니스 모델을 만들어 사업을 해 나가야 하는데, 그 개념부터, 작동원리나 배경 설명까지 나에게 지루하게 하고 있었더라면 대표님께서 얼마나 갑갑하게 느꼈을지 상상이 간다.

20년 전만 하더라도 변호사나 회계사와 같은 전문직 자체가 지금보다 귀한 시절이라 선택의 여지가 많지 않았다. 기존에 시험공부 할 때 배운 지식만 가지고도 일을 처리하고 고객 확보가 가능했다. 하지만, 지금은 불가능하다. 2025년 7월 기준 등록 변호사 숫자는 3만 8천 명에 이르고, 정확한 통계치는 없지만 공인회계사의 숫자도 2만 명이 넘는다. 앞으로도 수천 명 이상의 전문가가 계속 배출되겠지만, 공부하지 않는 전문가는 제대로 된 지식 서비스를 제공할 수 없다.

내가 책을 쓰는 이유도, 매일 시간을 내서 신문을 구독해서 보는 이유도 그리고 외부 강의를 해주거나, 유튜브 촬영요청이 오면 방송에 나가는 이유도 공부와 연구를 해서 나를 찾는 고객에게 더 나은 지식 서비스를 제공하기 위함이다. 책을 쓰려면, 더 공부하고 연구하지 않으면 깊이 있는 내용을 전달할 수가 없고, 양질의 강의하기 위해서는 지식 공부는 물론이고 시사나 실제 사례에 관한 연구도 필요하다.

나에게 더 맞는 전문가를 찾는다면 회사 운영의 리스크를 대폭 낮출 수 있을 것이다. 아무리 AI가 발달해도 결국 최종 의사결정은 인간이 해야 한다. 이러한 의사결정에 분명한 도움을 주는 전문가도 꼭 필요하다. 끊임없이 공부하고 연구해서 발전해 나가는 전문가를 만나라. 사업을 10배, 100배 키우는 데 엄청난 도움이 될 것이다.

* * *

"AI의 서핑 보드를 타고
변화의 파도를 즐겨야 살아남는
회계·세무 비즈니스의 시대"

예전에는 10년이면 강산이 변한다고 하였는데, 이제는 완전히 옛말이 되어버렸습니다. 지금 변화의 속도를 설명하자면 매일 새롭게 변화가 일어나고 있다고 말할 수도 있을 것 같습니다. 그 변화의 중심에는 물론 AI가 있습니다.

AI는 일상의 생활뿐만 아니라, 특히 업무의 영역에서 큰 변화를 가져다주고 있습니다. 제가 회계사 합격을 하고 일을 시작했던 2013년도만 해도 AI와 함께 일할 거라고는 생각하지도 못했는데, 이제는 회계사는 AI를 활용하지 않는 회계사와 잘 활용하는 회계사로 구분이 될 것 같습니다. 얼마 전에 상담을 오신 사장님은 아예 AI에게 궁금한 것을 모두 답변받고 이 중에서 AI의 답변이 맞는지 제가 물어보셨습니다. 어쩌면, 앞으로는 다른 회계사나 세무사와 경쟁하는 게 아니라, AI와 경쟁을 해야 하는 게 아닌가 싶습니다.

제가 몸담고 있는 회계, 세무 영역뿐만 아니라 모든 업종에서 AI가 도입되어 업무의 방식을 변화시키고 있습니다. 이 책을 쓰고 있는 2025년은 그 변화가 가속화되는 초입인데, 앞으로 10년 이후에는 AI를 빼고는 아마 일을 한다는 것을 상상하기 어려울 정도로 AI를 활용하는 것이 당연한 일처럼 될 것으로 보입니다.

누구나 새로운 변화는 두렵고 거부반응이 일어나기 쉽습니다. 인간은 누구나 기본적으로 익숙한 것을 더 하고자 하는 관성이 있기 때문입니다.

이 책을 쓰면서 누구도 아직 완벽하게 가보지 않은 AI로 인한 일상과 업무의 거대한 변화가 이미 시작되었다는 점을 말씀드리고 싶었습니다. 더 나아가서 이 변화에 올라타야만 다른 사람들보다 더 빠르게 성장하고 살아남을 수 있다는 말씀을 꼭 드리고 싶었습니다. 저 역시도 AI라는 새로운 것을 받아들이고 업무에 활용하는 게 아예 쉬운 것은 아닙니다만, 이러한 새로운 변화를 받아들이지 못하면 회계 시장에서 생존하기 어렵다는 절박한 마음으로 공부하고 연구하고 있습니다.

제가 연구하고 옆에서 AI를 활용하는 많은 사업자를 보면서 알게 된 사실은 AI는 복잡한 내용을 빠르게 정리 및 요약해주고 자동화시켜주는 강력한 도구라는 점입니다. AI를 잘 활용한다면 기존의 방식보다 더 많은 업무처리를 가능하게 하면서 동시에 비용은 더 절감할 수 있습니다. 이러한 AI를 활용하여 회사의 자동화 구조를 설계하고, 돈이 남는 세무 재무 구조를 설계하고, 마케팅과 브랜딩을 하고, 빠른 실행을 할 수 있다면 회사를 10배 더 성장시키는 것은 전혀 무리가 되지 않을 거로 생각합니다.

마지막으로 드리고 싶은 말씀은 앞으로 AI가 더욱 더 많은 영역에서 활용되겠지만, 가장 중요한 것은 그것을 활용하는 '사람'입니다. AI가 완벽한 분석과 방법론을 제시하더라도 어떤 의사결정을 내릴지는 결국에는 사장님이 직접 결정하셔야 합니다. 또한, 이러한 의사결정에 있어서는 혼자서도 물론 가능하겠지만, 진짜 사장님의 사업을 이해하고 더 나아가 같이 고민해줄 전문가가 옆에 있어야 시행착오를 최소화하면서 빠른 성장이 가능할 것으로 생각합니다. 변화의 파도가 급격하게 몰아칠수록 길을 밝혀줄 등대같은 전문가를 옆에 두신다면, 회사를 더 성장시키는데 크게 도움이 될 것입니다.

우리에게 AI는 더 이상 미래가 아닌 현재입니다.

이제는 단순히 세금만 계산해주는 세무전문가가 아닌 AI와 세무전문성을 겸비한 비즈니스 전략 전문가가 필요한 시기입니다. 더 큰 목표를 바라보는 대표님, 저와 함께 AI에 올라타서 지금 하는 사업을 10배 성장시키는 것을 현실로 만들어 가보시죠.

서정민, 서정목

1) The state of AI: How organizations are rewiring to capture value, 25.03.12

2) 고대영 기자, 쇼피파이 "AI로 대체 불가능 증명해야 신규 직원 채용", 이투데이, 25.04.08, (https://www.etoday.co.kr/news/view/2460153)

3) 송경재 기자, 허리띠 더 졸라매는 MS, 직원 9000명 감원, 파이낸셜 뉴스, 25.07.03, (https://www.fnnews.com/news/202507030103024363)

4) 아마존의 CEO인 앤디 재시는 AI로 인한 감원을 공식적으로 언급하기도 했다.

5) 유진아 기자, AI 발 빅테크 감원 어디까지…"AI 사용료 낮아지면 韓도 칼바람", 디지털타임스(https://www.dt.co.kr/article/12001742?ref=naver) 25.07.03,

6) Amazon이 도입한 최근 자율화 시스템 중 하나로, 물류 센터 및 배송센터에서 패키지와 배송 가방을 작업자에게 인체공학적으로 전달해주는 피지컬 AI 기반 기술. 작업자가 직접 걸으면서 패키지를 찾거나 들어올릴 필요가 없이 자동으로 각 작업자 앞에 패키지와 배달 가방을 가져다 줌으로써 작업 효율을 높이고 육체적 부담을 줄여줌.

7) 19 세기 초반 영국에서는 기계화에 위협을 느낀 수공업자들의 기계 파괴 운동인 러다이트 운동(1811년~1816년)이 일어나기도 했지만, 결국은 되돌릴 수 없는 흐름이 되었다.

8) 생성형 인공지능(Generative AI)이란 텍스트, 이미지, 기타 미디어를 생성할 수 있는 인공지능 시스템으로 입력 트레이닝 데이터의 패턴과 구조를 학습한 다음 유사 특징이 있는 새로운 데이터 만들어 낸다. 대표적으로 Chat GPT, 제미나이 등이 있다(위키백과, https://ko.wikipedia.org/wiki/%EC%83%9D%EC%84%B1%ED%98%95_%EC%9D%B8%EA%B3%B5%EC%A7%80%EB%8A%A5)

9) McKinsey, 25.03, The State of AI: How Organizations Are Rewiring to Capture Value

10) 한국은행, AI와 한국경제, 25.02.10, 오삼일, 이수민, 이하민, 장수정

11) https://m.ddaily.co.kr/page/view/2025072116571206290

12) https://www.hankyung.com/article/2024032840841

13) 스위스 로잔대학교 교수인 예스 피그누어(Yves Pigneur)와 그의 제자 알렉산더 오스터왈더(Alexander Osterwalder)가 창안한 비즈니스 모델 프레임워크에 따르면, 비즈니스 모델은 고객 세그먼트(Customer Segments), 가치 제안(Value Proposition), 채널(Channels), 고객 관계(Customer Relationships), 수익원(Revenue Streams), 핵심자원(Key Resources), 핵심 활동(Key Activities), 핵심 파트너(Key Partnerships), 비용구조(Cost Structure) 9가지로 구성할 수 있다.

14) 조이환 기자, 빌 게이츠 "AI가 10년내 의사·교사 큰 대체…인간, 대부분 직종서 불필요",

ZDNET Korea(https://zdnet.co.kr/view/?no=20250329140023) 25.03.30.

15) 참고로, 개업 회계사의 경우 평균 매출이 4억 6천만 원인데, 이는 세무사는 할 수 없고 회계사만 할 수 있는 외부 회계감사 매출의 영향으로 보인다.

16) 수증자가 증여자의 채무를 함께 받는 증여(쉽게 말해서 대출이나 전세보증금 등과 같은 채무를 동반한 증여)로 증여자의 채무를 수증자가 인수할 때는 증여가액 중 그 채무액에 상당하는 부분은 그 자산이 유상으로 사실상 이전되는 것으로 보아 증여세가 아닌 양도소득세를 과세하도록 규정하고 있다.

17) 실무에서는 당장 눈앞에 보이는 4대 보험 부담만 생각하여 실제는 정직원이지만 프리랜서로 신고하여 4대 보험료 추징은 물론, 아무 혜택은 받지 못하고 손해를 보는 일도 종종 있다. 4대 보험의 가입 대상인지 프리랜서 소득인지는 선택사항이 아니다. 우선 실제 근무 형태가 사업주의 근로감독을 받는 근로자에 해당한다면 당연히 4대 보험에 가입하여 근로소득자로 신고하여야 한다.

18) 3년간 고용을 유지해야하며, 3년 동안 혜택을 받을 수 있다. 매번 세법이 개정되어 공제금액은 달라질 수 있으므로, 매년 개정세법을 확인해야 한다.

19) 참고로, 변호사업의 경우 회계사업인 나와 마찬가지로 전문직종으로 창업이라 하더라도 창업감면에서 배제되는 업종으로 창업감면 혜택을 못 받는다.

20) 특히, 개인사업자 수입금액(매출)이 어느 정도 높아지면, 성실신고확인대상 사업자가 되는데, 이 기준에 해당되는 사장님들께서 대부분 법인 전환에 관한 이야기를 많이 하신다. 참고로, 성실신고확인제도는 수입금액이 업종별로 일정 규모 이상인 개인사업자가 종합소득세를 신고할 때 장부기장 내용의 정확성 여부를 세무대리인에게 확인받은 후 신고하게 하는 제도를 말한다. 업종별로 수입금액 기준이 다른데, 그 기준금액은 해당년도 수입금액이 15억, 7.5억, 5억 3가지 그룹으로 구분되어 있다.

21) 개인사업자로 오래 사업을 하신 분들의 경우에 단순히 세금 때문에 법인으로 전환을 하는 경우에는 자금을 개인사업자처럼 마음대로 꺼내 쓰다가 가지급금 문제로 곤경에 빠지는 경우가 많다. 법인의 경우 개인사업자와 다르게 별도의 인격을 지닌 실체 이기 때문에 용도 없이 자금을 마음대로 꺼내서 사용하면, 대표이사가 빌려 간 것으로 처리가 된다. 이를 대표이사 가지급금이라고 하는데, 대표이사 가지급금은 대표자가 갚아야 하는 것은 물론이고, 세무적인 문제와 형사적인 문제를 야기할 수 있다.

22) 스톡 옵션(영어: stock option)은 기업의 임직원이 일정 기간 내에 미리 정해진 가격으로 소속 회사에서 자사 주식을 살 수 있는 권리를 말한다. 주가가 오르면 오를수록 스톡 옵션을 가진 임직원이 얻을 수 있는 이익도 커지기 때문에 실적에 기여한 임원들의 보너스로 사용하는 기업이 많다(출처: 위키백과)

23) 대표의 관점에서는 무조건 유리한 건 아니다. 어차피 대표도 급여를 받으면 근로소득으로 종합소득세를 내야 하기 때문이다.

24) 우리나라 상법상 영리목적으로 설립된 법인은 주식회사, 유한회사, 유한책임회사, 합명회사, 합자회사 5가지로 구분되어 있고, 이 중 주식회사만 스톡옵션을 발행할 수 있다.

25) Chief Technical Officer의 약자로 최고 기술 관리자를 말한다.

26) 스톡옵션의 행사방식에는 스톡옵션 부여 결의 당시 정한 행사가로 신주를 발행하는 신주발행과 행사가액과 시가와의 차액을 계산하여 현금으로 받는 차액정산형 그리고 회사가 가지고 있는 자기주식으로 교부받는 자기주식 교부형이 있다.

27) 주종국 기자, "애널리스트 대신 AI…신생 펀드, 시장 2배 수익률 내", 연합뉴스, 25.02.14 (https://www.yna.co.kr/view/AKR20250214102600009)

28) 강다은 특파원, "나 홀로 창업, 직원은 AI", 근무 시간은 '007', 조선일보, 25.08.13, (https://www.chosun.com/economy/tech_it/2025/08/13/SGFCIUX TMZDPLAUXENF322YGF4/)

29) 종합소득금액에서 소득공제를 차감한 금액을 말한다. 종합소득금액은 이자소득, 배당소득, 사업소득, 근로소득, 연금소득, 기타소득을 합산한 금액을 말하며, 소득공제는 본인과 배우자, 부양가족을 포함한 인적공제와 추가공제 그리고 연금보험료공제 등이 있다.

30) 매출액이 어느 기준 금액 이상 높아지면 성실신고확인대상 사업자가 되는데 이 경우에는 종합소득세를 6월에 신고납부를 하게 된다.

31) Third Party Logistics의 약자로 운송, 보관, 재고관리 등의 물류 관련 서비스를 모두 외부에 위탁하는 것을 말한다.

32) 피터 드러커, 이재규 역,《프로페셔널의 조건》, 청림출판, 2001. p.223.

33) 제품과 비즈니스 모델을 만들어가는 과정에서 자금을 모두 소진하여 자금 등의 자원 부족을 겪게 되는 어려운 시기를 말한다.

34) 사업 초기 아이디어를 구체화하고 시제품을 개발하는 등 사업의 가장 초기 단계에 투자하는 자금을 말한다.

35) 엔젤투자자는 창업 초기 기업에 개인 자본을 투자하고 경영 조언을 제공하는 개인투자자를 말하고, 액셀러레이터는 창업 초기 기업에 투자와 멘토링, 사업 공간, 네트워킹 등 종합적인 보육 서비스를 제공하여 기업의 성장을 돕는 기관이나 법인을 말한다.

36) 자금 유치의 단계를 구분하는 것으로 일반적으로 시드 >시리즈 A >시리즈 B >시리즈 C 순서로 투자가 이어진다. 지분투자는 투자받는 지분의 종류에 따라서 보통주 투자가 이루어질 수도 있고, 상환전환우선주(RCPS)와 같은 상환권과 전환권을 가진 우선주로 투자가 이루어질 수도 있다.

37) 벤처 캐피털(Venture Capital)의 줄임말로 성장 가능성이 높은 기업에 투자하여 높은 수익을 추구하는 투자기관을 말한다.

38) 데모데이란 기업이 투자자 혹은 참가자들에게 서비스나 제품, 아이디어 등을 소개하는 행사를 말한다.

39) 젠틀몬스터의 철학은 "세상을 놀라게 하라"라고 한다. 안경 브랜드가 세상을 놀라게 하고자 한다니, 이것만 봐도 보통의 안경 제품과는 다르다.

40) https://trends.google.co.kr/trends/

41) https://datalab.naver.com/

42) 나이키(NIKE)라는 이름은 그리스 신화의 승리의 여신 니케(Nike)에서 유래했다고 한다.

43) https://dbr.donga.com/article/view/1101/article_no/11789

44) 팬덤(Fandom)은 특정 인물, 작품, 분야 등 공통의 관심사를 가진 팬들이 모여 지지하고 교류하는 하위문화 또는 그 집단을 말한다. (위키백과, https://ko.wikipedia.org/wiki/%ED%8C%AC%EB%8D%A4)

45) https://www.m-joongang.com/news/articleView.html?idxno=401504

46) https://www.hani.co.kr/arti/economy/car/946363.html

47) Saravana Kumar, Customer Retention Versus Customer Acquisition, Forbes, 2022.12.12(https://www.forbes.com/councils/forbesbusinesscouncil/2022/12/12/customer-retention-versus-customer-acquisition/)

48) Amy Gallo, The Value of Keeping the Right Customers, Harvard Business Review, 2014. 10.29 (https://hbr.org/2014/10/the-value-of-keeping-the-right-customers)

49) https://www.pointdaily.co.kr/news/articleView.html?idxno=250274